Annemarie Schimmel

Ḥallādsch
»Oh Leute, rettet mich vor Gott«

Annemarie Schimmel

Ḥallādsch
»Oh Leute, rettet mich vor Gott«

Chalice Verlag

Die Erstausgabe erschien
1985 beim Verlag Herder Freiburg im Breisgau

Lizenzausgabe

Al-Halladsch, »O Leute, rettet mich vor Gott«.
In der Übersetzung von Annemarie Schimmel.

Frontispiz vorne: Die Hinrichtung des Ḥallādsch,
indische Miniatur, 17. Jahrhundert, Walters Art Museum
Buchgestaltung: Robert Cathomas
Herstellung: BoD - Books on Demand, Norderstedt
Printed in Germany

ISBN 978-3-942914-18-5

Inhalt

ANNEMARIE SCHIMMEL · ḤALLĀDSCH

Einleitung

»WENN SIE ISLAMISCHE MYSTIK WIRKLICH VERSTEHEN wollen, dann studieren Sie die Werke Al-Ḥallādschs!« wurde ich als junge Studentin von meinem Professor, Hans Heinrich Schaeder, belehrt, der lange zuvor über Ḥallādsch geschrieben hatte:

> Er zog aus den tiefsten in der islamischen Religion angelegten Tendenzen persönlicher Aneignung und Bewährung die letzte und reinste Konsequenz der vollkommenen liebenden Hingabe an die Einheit des Göttlichen Wesens – nicht, um so im Verborgenen und für sich allein die Heiligkeit zu gewinnen, sondern um sie zu predigen, in ihr zu leben und für sie zu sterben.

Seit jenen Tagen hat die Figur Ḥallādschs nicht aufgehört, mich – wie so viele Mystiker und Dichter, Kritiker und Gelehrte in den tausend Jahren seit seinem Tode – zu fesseln. Der Märtyrer-Mystiker, 922 grausam hingerichtet, schien fast allgegenwärtig zu sein: Sein Ruf *anā'l-Ḥaqq*, »Ich bin die schöpferische Wahrheit«, hallte wider aus Hunderten und Aberhunderten von ekstatischen Versen in der islamischen Welt, vor allem aber in der Türkei und der persischen Kultur, und in den Regionalsprachen des indischen Subkontinents. In verlorenen Winkeln des unteren Industales konnte man die Sänger an mondhellen Abenden singen hören:

Fragt die Liebenden nach dem,
was die Liebe verlangt!
Wenn ihr mir nicht glaubt, fragt solche,
die Manṣūr gleich sind!

In Kaschmir erklangen ähnliche Lieder, und in der hinreißenden Musik des Pandschab und des Dekkan wurde die Gestalt »Manṣūrs«, wie Ḥallādsch meist mit seinem Vatersnamen bezeichnet wird, immer wieder beschworen. Er war zum Vorbild exzentrischer Mystiker geworden, welche die Grenzen zwischen Islam und Unglauben zu überschreiten und in Verzückung nur noch die eine Wahrheit zu künden suchten, und in ihren Werken erscheint Ḥallādsch als Pantheist, dessen Ausspruch *anā'l-Ḥaqq* nun nicht in seinem ursprünglichen Sinne als »Ich bin die schöpferische Wahrheit« verstanden, sondern als »Ich bin Gott« interpretiert wird: *Ḥaqq,* einer der neunundneunzig schönsten Namen Gottes im Islam, wird schon früh zur Bezeichnung Gottes in jenen mystischen Kreisen, die sich auf Ḥallādsch beriefen. Der Name des Mystikers war auch weithin im Volke bekannt: Der Ḥallādsch (Baumwollkämmer), der in Istanbul die verfilzte Baumwolle unserer Betten in rhythmischen Schlägen mit seinem Bogen und Schlägel reinigte und entwirrte, erzählte ausführlich vom Leiden und Sterben des großen Manṣūr, des Schutzheiligen der Baumwollschläger-Zunft. Und für die modernen Dichter des islamischen Orients ist der Mann, der willentlich und wissentlich Verfolgung und Leiden auf sich nahm, zum Modell des fortschrittlichen Frommen geworden, der jenseits der verfestigten Riten steht und versucht hat, die persönliche Religiosität zu beleben, aber auch gewisse Sozialreformen einzuführen. Selbst wenn man diese letztere Interpretation nicht ganz wörtlich nehmen darf, ist eine solche moderne Interpretation von Ḥallādschs Tätigkeit ein Grund für die breite Wirkung, die sein Name unter zeitgenössischen Intellektuellen hat, und viele der progressiven Schriftsteller, die um ihrer nicht konformistischen Ideen willen im indischen Subkontinent gefangen gesetzt oder vor Gericht gestellt wurden, haben sich damit getröstet, dass »Galgen und Strick« der Schicksalsanteil des wahrhaft Liebenden (oder, wie man sagen könnte, des Kämpfers für eine bessere Zukunft) gewesen sind und bleiben werden. Hat er nicht Dinge ausgesprochen, die das Establishment nicht begriff, nicht begreifen wollte?

> Das Geheimnis, das im Herz ist –
> keine Predigt wird es sein!
> Auf dem Galgen kannst du's sagen.
> Aber auf der Kanzel? Nein!

So schrieb Ghalib im 19. Jahrhundert in Delhi und nahm damit ein altes Motiv auf: Ḥallādsch war angeklagt, das Geheimnis der liebenden Einigung ausgesprochen zu haben – und eine solche Offenlegung des Mysteriums der Liebesbeziehung zwischen Gott und Mensch ist verboten; sie widerspricht der guten Sitte, die es verbietet, von Liebeserfüllung öffentlich zu sprechen; und deshalb – so die mystische Auslegung – musste Ḥallādsch für sein kühnes Wort *anā'l-Ḥaqq* zu Recht den Tod erleiden: Wenn auch die überflutende Liebe den Sucher aufschreien lässt, heißt das Religionsgesetz ihn doch schweigen.

Aus demselben Grunde haben zahlreiche Kritiker, auch die Mystiker der sogenannten »nüchternen« Schulen, Ḥallādschs Ausruf als Zeichen der Unreife erklärt: Wäre er tatsächlich zur echten Einigung gelangt, so hätte er geschwiegen, denn »der Kessel gibt nur so lange Geräusche von sich, als das Wasser noch nicht kocht« und die Karawanenglocke schweigt, wenn das Ziel erreicht ist. Ḥallādsch – so meinen sie – war nicht in Gott verzückt, sondern war im Gegenteil ein allzu flaches Gefäß, das die Fülle des Göttlichen, die sich ihm offenbarte, nicht in sich fassen konnte.

Die meisten islamischen Mystiker der späteren Jahrhunderte haben Ḥallādsch als Pantheisten angesehen, und seinen berühmten Ausruf als Ausdruck der Einheit alles Seienden interpretiert. Aus diesem Grunde betrachteten ihn auch die ersten europäischen Wissenschaftler als »Pantheisten von reinstem Wasser«, seit sein Name erstmals im 17. Jahrhundert auftaucht. Verantwortlich für diese Interpretation ist in erster Linie der protestantische Theologe F. A. D. Tholuck, dessen 1821 erschienenes Werk *Sufismus sive theosophia persarum pantheistica* schon in seinem Titel den »pantheistischen Charakter« der islamischen Mystik voraussetzt und von Ḥallādsch behauptet, dass er »mit unglaublicher Kühnheit öffentlich den Schleier vom Pantheismus riss« – Gedanken, die sich aus der von Tholuck benutzten Literatur ergaben. Denn ihm standen nur spätere persische Werke zur Verfügung, die den Bagdader Märtyrer in der Tat als Pantheisten erscheinen ließen.

Schon der erste große deutsche Arabist, Johann Jakob Reiske (gestorben 1774), hatte Ḥallādsch der Gotteslästerung geziehen, während der französische Gelehrte Bartholome d'Herbelot in seiner *Bibliothèque Orientale* ihn als »heimlichen Christen« hatte erkennen wollen. Dieser Meinung schlossen sich spätere Gelehrte an, wie

August Müller und Adalbert Merx; sie ist auf Grund einiger Aussagen Ḥallādschs über die menschliche und Göttliche Natur wohl verständlich. Gerade kürzlich ist eine umfangreiche theologische Dissertation erschienen, die solche Gedanken wiederum aufnimmt und versucht, Ḥallādsch als heimlichen Christen darzustellen, der wegen seiner christlichen Ideen hingerichtet worden sei (N.M. Dahdal).

Andere Gelehrte sahen in Ḥallādsch einen Geisteskranken (zu jener Zeit wurde ja auch der Prophet Mohammed als Psychopath angesehen), und wieder andere entdeckten puren Monismus* in seinen – nur in geringer Anzahl erhaltenen – Aussprüchen. Alfred von Kremer und noch stärker Max Horten haben in Ḥallādschs *Anā'l-Ḥaqq* eine Parallele zum *aham brahmasmi,* »Ich bin Brahma«, der Upanischaden sehen wollen; eine Vorstellung, die sich auch heute noch gelegentlich findet und sich bei manchen indo-muslimischen Gelehrten besonders ausgesprochen zeigt.

Erst durch die jahrzehntelangen Arbeiten Louis Massignons ist die wahre Bedeutung Ḥallādschs klargeworden; er hat durch die Herausgabe aller seiner Werke – soweit sie überhaupt aufzufinden waren – ein neues Verständnis für seine Rolle innerhalb der islamischen Mystik erweckt. Dass er dabei nicht immer zwischen dem historischen Ḥallādsch und dem Ḥallādsch der sich schon früh entwickelnden Legende unterschieden hat, ist von N.M. Dahdal besonders kritisiert worden; aber es dürfte trotz der zahlreichen historischen Notizen in frühen arabischen Quellen kaum möglich sein, eine echte Biographie des Märtyrers zusammenzustellen.

* Lehre von der Einheit alles Seienden.

Wir besitzen eine kurze Lebensbeschreibung Ḥallādschs von seinem Sohn Ḥamd, die wohl der historischen Wahrheit am nächsten kommt, aber durch andere Berichte ergänzt wird. Ḥallādschs eigene Gedichte, die Massignon seit Jahrzehnten gesammelt hatte, sind aufschlussreich für seine mystischen Erfahrungen und zeigen in schöner, unsinnlicher Sprache, wie der Sucher zwischen der Nähe und der Ferne Gottes leidet, wie er das Leiden ersehnt und von seltenen Momenten der Einung singt. Zu den biografischen Notizen von Ḥamd treten die Nachrichten, die Massignon und Paul Kraus als *Akhbar al-Ḥallādsch* zusammengestellt haben, die als Grundlage für die folgende Auswahl dienen.

Die äußeren Lebensdaten Ḥallādschs sind etwa wie folgt zu rekonstruieren: Er wurde in Al-Baida in der Provinz Fars im südlichen Iran etwa 858 geboren und wuchs in Tustar oder in Wasit auf – Gebieten, deren Reichtum im Baumwollanbau bestand; sein Beiname Ḥallādsch dürfte auf den Beruf seines Vaters als Baumwollkämmer deuten, obgleich die Legende ihn auf ein Wunder zurückführt, das er in seiner Jugend vollbracht haben soll; auch sei er – so Ḥamd – von seinen Bewunderern als *ḥallādsch al-asrār*, »Baumwollkämmer der innersten Herzen«, bezeichnet worden, weil er die Herzen völlig »umkrempelte«. Etwa zwei Jahre lange war er Schüler des Mystikers Sahl at-Tustarī (gestorben 896), dessen wichtigster Beitrag zur islamischen Mystik die Entwicklung der Lehre vom uranfänglichen Licht Mohammeds war, das bei ihm als urewige Lichtsäule den Grund aller Schöpfung darstellt – Gedanken, die Ḥallādsch später in seinem *Kitāb aṭ-Ṭawāsīn* poetisch ausarbeitete. Nach einer Weile ging Ḥallādsch nach Bagdad, wo er im Alter von etwa achtzehn Jahren Schüler zweier bedeutender Mystiker wurde. Denn Bagdad war als Hauptstadt des abbasidischen Kalifates auch ein Zentrum des Sufismus, der mystischen Bewegung innerhalb des Islams.

Diese Bewegung hatte sich aus dem strengen Asketismus der frühen Frommen entwickelt, die mit Misstrauen die wachsende Weltlichkeit der Menschen in dem sich rapide ausdehnenden islamischen Imperium betrachteten. Sich tief in den Koran versenkend, die Pflichten des Gläubigen verinnerlichend und vertiefend, wurden diese Asketen wohl auch von asketischen Strömungen anderer Religionen beeinflusst, wie den christlichen Mönchen Syriens, des Iraks und des Libanons und den buddhistischen Mönchen am Ostrande des islamischen Gebietes, in Baktrien, dem nördlichen Afghanistan, wo die Askese besonders stark geübt wurde. Manche von ihnen hüllten sich, gleich den Eremiten, in Wollgewänder, und nach diesen wurden sie als *Sufi* (von *suf,* »Wolle«) bezeichnet. Doch leiteten sie selbst ihren Namen gern von *safa',* »Reinheit« ab.

In die finstere Asketenwelt wurde das Element der reinen Gottesliebe eingeführt – soweit wir übersehen können – durch eine Frau, Rābi'a (gestorben 801), die offenbar erstmals von der absoluten Gottesliebe sprach, die sich nur an Gott wendet, ohne an Höllenfurcht oder an Paradieseshoffnung zu denken. Rābi'as Gedanken haben die folgenden Generationen tief beeinflusst, und im neunten Jahrhundert entwickeln sich mystische Strömungen überall in der islamischen Welt, vom nördlichen Iran bis nach Ägypten. Die Meister lehrten intensivste Selbstkontrolle, die keinerlei Erleichterung für die niederen Seelenregungen erlaubte; sie definierten die Liebe zwischen Mensch und Gott mit immer feineren Worten, obgleich sie wussten, dass es

> nichts Subtileres als die Liebe gibt, und da man Begriffe nur mit etwas ausdrücken kann, was subtiler als der Begriff ist, kann man die Liebe nicht ausdrücken (Sumnūn der Liebende, um 900).

Sie drangen tiefer und tiefer in die Mysterien der Göttlichen Einheit ein und grenzten den Islam (und besonders den mystischen Islam) von den dualistischen zoroastrischen Lehren ab, die damals durch persische Einflüsse besonders im Irak sichtbar wurden, ebenso wie von der christlichen Trinitätslehre. Gott, der Eine, ist das einzige Subjekt des Handelns; ja, Seine Einheit ist so rein, dass Er der einzig Existierende ist.

Solche Geheimnisse des *tauḥīd,* des »Gott als Einen erklären«, wurden in Bagdad in kleinen esoterischen Zirkeln überliefert, doch waren sich die Sufis bewusst, dass es gefährlich sei, die letzten Mysterien denen zu enthüllen, die nicht durch eine lange und schwierige Vorbereitungszeit gegangen waren, die nicht, wie es in der Fachsprache heißt, die »Zustände« und »Stationen« des mystischen Pfades (*ṭarīqa*) durchschritten hatten und nach Reue und Umkehr über Gottvertrauen, Geduld, Furcht und Hoffnung und andere Stufen zur absoluten »Zufriedenheit« mit Gottes Ratschluss gelangt waren, nichts mehr erhoffend als Seine unerklärliche Gnadenmacht, ob sie sich nun in Gnade oder in Züchtigung zeigte.

Die psychologischen Stufen des Aufstiegs auf dem Pfade wurden mehr und minder genau systematisiert, und am Ende stand im Allgemeinen die Gottesliebe oder die Gotteserkenntnis. Der Sufi, der bis dorthin gelangt war, mochte am Ende des Pfades das *fanā'* in Gott erleben, jenen Zustand, den die deutschen mittelalterlichen Mystiker so treffend mit »Entwerden« bezeichnet haben: Ihr Ziel war, »zu werden, wie sie waren, als sie nicht waren und nur Gott alleine bestand«, das heißt, die Spaltung in Subjekt und Objekt aufzuheben und in die Göttliche Einheit zurückzukehren, wie sie sich darstellte, bevor Gott die ungeschaffenen Seelen anredete: »Bin Ich nicht euer Herr?«, und sie antworteten: »Ja, wir bezeugen es« (Sure 7:171). Dieser »Urvertrag«, durch den die Menschheit sich verpflichtet hatte, dem *einen* Gott zu dienen, Seine Einheit zu bezeugen und bereit zu sein, von dieser Einheit in ihrem Leben und am Tage der Auferstehung Zeugnis abzulegen, ist der eigentliche Angelpunkt für die Weltauffassung der Sufis.

Die Bagdader Meister freilich wussten, dass es gefährlich war, allzu offen solche Mysterien zu behandeln, da die Regierung die Sufis schon mit einem gewissen Argwohn betrachtete. Männer wie Kharrāz, der aussprach, dass »nur Gott das Recht hat, ›Ich‹ zu sagen«, und noch mehr sein jüngerer Zeitgenosse Dschunaid lehrten ihre Jünger, in Anspielungen und doppeldeutigen Ausdrücken zu sprechen, und viele der Paradoxe, die in den frühen Sufi-Werken überliefert sind, lassen sich aus dem Bestreben erklären, die Wahrheit eher zu verhüllen als deutlich auszusprechen. Die arabische Sprache mit ihren aus dreibuchstabigen Wurzeln gebildeten Wörtern, die sich in die verschiedensten Richtungen erweitern lassen und bei denen auch in der entferntesten Ableitung noch immer andere Sinninhalte der gleichen Wurzel mitschwingen, war ein ideales Instrument für eine solche Geheimsprache, und hier liegt auch die Schwierigkeit, mystische Texte aus dem Islam korrekt zu übersetzen – ihre sprachliche Schönheit ist ohnehin kaum je in einer anderen Sprache wiederzugeben.

In diesen Kreis der Bagdader Meister trat nun al-Ḥusain ibn Manṣūr al-Ḥallādsch als junger Mann; er lernte von ihnen und heiratete die Tochter eines von ihnen. Doch bemerkte sein Schwiegervater bald, dass er seine Tochter »einem listenreichen Zauberer und elenden Ungläubigen« angetraut hatte. Ḥallādsch hatte auch Schwierigkeiten im Umgang mit anderen Sufi-Meistern und begab sich erst einmal zur Pilgerfahrt nach Mekka, wo er sich unerhörten asketischen Übungen unterwarf, die seine Zeitgenossen mit Schaudern sahen. Nach der Rückkehr nach Bagdad soll er Dschunaid besucht und wegen eines mystischen Problems befragt haben, und hier fügt die Legende die Szene ein, dass er an die Tür des führenden Bagdader Meisters geklopft und auf dessen Frage: »Wer ist dort?«, geantwortet habe: *Anā'l-Ḥaqq,* »Ich bin die schöpferische Wahrheit.« Dschunaid soll ihn daraufhin verflucht haben: »Welchen Galgen wirst du mit deinem Blut beflecken?« Das soll um 896 geschehen sein, als Ḥallādsch rund 38 Jahre alt war.

Es scheint, dass viele Leute ihm zuströmten, und so wurden seine Zeitgenossen, besonders die Bagdader Sufis, neidisch auf ihn. Ḥallādsch löste sich von ihnen, verließ seine Familie und wanderte für einige Jahre in den Nordosten des islamischen Reiches, nach Ost-Iran, Transoxanien und Sistan; dann kehrte er über Südpersien zurück. Über Ahwaz begab er sich nach Basra, ständig predigend und die Leute zu Gott rufend. Von Basra aus zog er mit zahlreichen – angeblich vierhundert – Jüngern auf seine zweite Pilgerfahrt, kehrte nach Bagdad zurück, ließ seine Familie aus Ahwaz holen und beschloss dann, »in das Land des Unglaubens zu ziehen und die Leute zu Gott zu rufen«, wie er ihnen sagte. Ḥallādschs Reise nach Indien wurde von seinen Feinden dem Wunsch zugeschrieben, indische

Magie zu lernen, so etwa den berühmten Seiltrick. Er schiffte sich von Basra nach Gudscharat ein und wanderte dann durch das Industal hinauf ins Fünfstromland, dann wahrscheinlich über Kaschmir nach Transoxanien und Turkestan. Ob er auf seiner Reise viele Menschen bekehrt hat, wissen wir nicht; doch sein Name erscheint in der mystischen Poesie dieser Gebiete – in der Sindhi-, Pandschabi- und Kaschmiri-Volksdichtung – mehr als irgendwo anders, und obgleich diese Literatur erst aus späteren Jahrhunderten stammt, scheint es, als ob die Saat, die er dort gesät hatte, die Menschen auf die Botschaft der mystischen Liebe und Einheit vorbereitet hätte. Die Zentralregierung freilich, die ihn ohnehin mit Misstrauen betrachtete, vermutete, dass er auf seiner Reise durch das Industal auch Kontakte mit den Karmaten gehabt hatte, jener extremschiitischen Gruppe, die in jenen Jahren überall in der islamischen Welt auftrat und als gefährlicher Unruhestifter galt, deren esoterische Lehren auf einen politischen Umsturz hinzielten.

Ḥallādsch kehrte nach Bagdad zurück und erhielt, wie sein Sohn berichtet, Briefe aus aller Welt, in denen er mit geheimnisvollen Titeln und Ehrennamen angeredet wurde und die manchmal auf kostbarem Papier geschrieben waren, ähnlich den reich illuminierten Schriften der Manichäer in Zentralasien. Verständlicherweise wuchs die Abneigung seiner Sufi-Kollegen gegen ihn, und auch die Regierung beobachtete seine Tätigkeiten genau. Ḥallādsch vollzog nochmals die Pilgerfahrt und kehrte nach zwei Jahren nach Hause zurück, erwarb ein Grundstück in Bagdad und widmete sich seiner Predigt. Die Berichte beschreiben in immer neuen Bildern, wie der Mystiker durch die Bazare der Stadt wanderte und in seltsamen Worten die

Leute aufrief, ihn zu töten, oder Bemerkungen machte, die die frommen Muslime zutiefst schockierten; wie er auch durch sein ungewöhnliches Benehmen, sein Aufschreien und lautes Weinen und dann wieder sein unvermitteltes Lachen die Zuhörer entsetzte. Man versteht, dass die Legalisten gegen ihn standen, und der Vertreter der strengsten Rechtsschule, der gleichzeitig ein Buch über »platonische« Liebe verfasst hatte, verleumdete ihn bei Hofe. Ḥallādschs absolute Gottesliebe und seine Lehre von der liebenden Einigung des geschaffenen menschlichen und des ungeschaffenen Göttlichen Geistes, die der Mensch in seltenen Augenblicken der Ekstase erfahren konnte, erschien den Theologen und Gelehrten unerlaubt, ja unmöglich. Auch die politische Lage führte zu einer schärferen Überwachung zweifelhafter Gestalten, wie es Ḥallādsch zu sein schien; der blutjunge Kalif, der weitgehend von den ständig wechselnden und sich gegenseitig wiederum befeindenden Ministern abhängig war, versuchte mit Hilfe eben dieser Minister, die verschiedenen Gruppen im Lande – Sunniten und Schiiten – unter Kontrolle zu behalten; aber die schlechte Finanzlage machte das Regieren nicht leichter. Da sich Ḥallādsch auch noch mit weiteren mystischen Führern entzweite, kam es endlich dazu, dass die Regierung ihn festnehmen ließ. Ḥallādsch entzog sich der Festnahme zunächst durch die Flucht, wurde dann aber ergriffen, an den Pranger gestellt und eingekerkert. Nach dem ersten Prozess wurde er jedoch verhältnismäßig milde behandelt und von einem Gefängnis in das andere gebracht. Das Wohlwollen der Mutter des Kalifen, die er geheilt haben soll, erleichterte seine Gefangenschaft, und der Kämmerer Nasr al-Qaschūrī blieb ihm in treuer Freundschaft verbunden. Nach 919, als Ḥallādsch seit sechs oder sieben Jahren in Haft war, verschärfte sich die Situation, vielleicht aufgrund der großen Finanzkrise. Der Minister Ḥāmid hörte, dass Ḥallādsch den Gefolgsleuten des Kämmerers und auch vielen Gefängnisaufsehern und Dienern weisgemacht habe, »er könne die Toten beleben und Geister dienten ihm…«. Haussuchungen wurden durchgeführt, und, wie berichtet wird, man

> fand bei ihm viele Hefte […] auf chinesischem Papier geschrieben, und einige waren mit Goldtinte geschrieben, mit Brokat und Seide gefüttert und in feines Leder gebunden […] Und in den Büchern, die man fand, gab es merkwürdige Beispiele von seiner Korrespondenz mit seinen Gefährten, die in die verschiedenen Richtungen ziehen sollten, und Ratschläge an sie, die Leute zu ihm zu rufen, und wie er ihnen befahl, von einem Zustand zum anderen und von Stufe zu Stufe weiterzugehen, bis sie das äußerste Ziel erreicht hätten, und dass sie jede Menschengruppe nach Maßgabe ihres Verstandes und Verständnisses anreden sollten und nach Maßgabe ihrer Resonanz und ihres Gehorsams, und es fanden sich auch Antworten an Leute, die ihm geschrieben hatten, in symbolischen Ausdrücken, die nur der kannte, der sie geschrieben hatte und an den sie geschrieben waren; ferner Papierrollen, in denen auch Dinge dieser Art waren, in manchen davon ein Bild, in dem der Name Gottes des Erhabenen in Kreisform geschrieben war, und innerhalb dieser gebogenen Form war geschrieben »Ali, über ihn der Friede« in einer Schriftart, die nur jemand herausbekommen konnte, der darüber nachdachte.

Endlich gelang es dem Wezir, den Oberkadi zu bewegen, das Todesurteil zu unterschreiben; 84 Zeugen wurden zur Unterschrift aufgefordert. Am 23. *dhu'l-qa'da* 309 (dem 26. März 922) wurde es vollstreckt.

Die meisten erhaltenen Berichte konzentrieren sich auf Ḥallādschs Tod am Galgen oder am Kreuz – einen Tod, den er ersehnt hatte; denn immer wieder hatte er die Leute aufgerufen, ihn zu töten, um ihren einfachen Glauben zu verteidigen: Sie würden ihren Lohn für diese gute Tat erhalten und er würde die so sehnlich erhoffte Einigung mit Gott erreichen. Ob man hier von dem Ideal eines »stellvertretenden Opfertodes« sprechen kann, wie Massignon meint, ist zweifelhaft; aber sicherlich war Ḥallādsch der Erste in der langen Reihe von Sufi-Märtyrern, der den Tod als Brücke ansah, die zum Geliebten führt, wie einer seiner Zeitgenossen es formuliert hat. Sein Name stand von da an für alle diejenigen, die auf dem Pfade der Liebe von den fühllosen Theologen, vom Establishment, getötet werden, weil sie sich in absoluter Liebe aufopfern und ein Beispiel dafür geben, dass der Liebende auch das Leiden, das der Geliebte schickt, gern auf sich nimmt, ja, es freudig ersehnt.

Gewiss, so erscheint Ḥallādsch in der Legende, und es dürfte schwierig sein, sein Bild zu entmythologisieren, da so viele ihm unfreundlich, wenn nicht sogar feindlich gesonnene Quellen selbst aus frühester Zeit vorhanden sind. Die Orthodoxie hat seinen Aussagen immer ablehnend gegenübergestanden. Seine Zeitgenossen mögen, wie manche spätere Interpreten, daran geglaubt haben, dass er tatsächlich ein verkappter Christ war, der von zwei Naturen in Gott sprach. Doch kann man keineswegs, wie jüngst versucht worden ist, die Verwendung einiger christlich gefärbter Ausdrücke als Beweis dafür ansehen –

christliches Gedankengut war im Nahen Osten weit verbreitet und christliche Termini auch bei Theologen und Mystikern in Gebrauch. Dass Ḥallādsch sich bemüht hat, dem koranischen Jesusbild nachzueifern, hat Massignon gezeigt; aber wenn er vom »Propheten Gottes« spricht, so ist das immer Mohammed, den er zutiefst verehrte, und nicht Jesus (wie N.M. Dahdal behauptet). Wie alle Mystiker lebte auch Ḥallādsch zutiefst aus den Worten des Korans, zu dem er auch einen nur in winzigen Bruchstücken erhaltenen Kommentar schrieb. Mit dem Koran zu leben, hieß für ihn, »in der Auferstehung zu sein«; denn das heilige Buch, Gottes unerschaffenes Wort, enthält alles, was da war und was da sein wird, und es ist dem Mystiker gegeben, immer neue Tiefenschichten in seinen Worten zu entdecken. Mit Recht hat Pater Nwyia von der »Koranisierung des Gedächtnisses« bei diesen frühen Sufis gesprochen, die ganz und gar aus dem Koran und in ihm lebten. Ähnlich steht es mit der Verehrung des Propheten Mohammed, »Gottes geliebtestem Geschöpf«, der bei Ḥallādschs Lehrer Tustarī als vorzeitliche Lichtgestalt erscheint – Gedanken, die Ḥallādsch aufgenommen und poetisch ausgeführt hat. Und wenn der normale Traditionsgelehrte die Überlieferungen über Worte und Taten des Propheten durch eine ständig wachsende Sukzessionskette von Menschen lernte, so erfuhr Ḥallādsch sie von himmlischen Mächten, die ihn den Ursprung solcher Worte wie auch außerkoranischer Worte Gottes lehrten. So sind sie in seinen *Riwāyāt* überliefert.

Es ist diese lebendige Teilnahme am Willen Gottes, die Ḥallādsch auszeichnet. Gewiss, Gott ist das unerreichbare Wesen, Das über alle Dimensionen des Geschaffenen erhaben ist, Das Sich von allem »isoliert« und Dessen *lāhūt,* die undurchdringliche Göttlichkeit, vor aller Zeit und vor aller Schöpfung existierte und daher unerreichbar ist: Die Vor-Ewigkeit trennt den Menschen in seinem zeitlichen Geschaffensein von Gott. Aber – so lehrt und erfährt er – Gottes Natur enthält nicht nur diese dem Menschen für immer unzugängliche Gott-heit, sondern auch die *nāsūt,* die Mensch-heit, die sich in der Schöpfung Adams manifestiert hat – Adam wird zum Spiegel der in Gott verborgenen Mensch-heit, er wird *huwa huwa,* »er Er«.

Und wenn Ḥallādsch in einem vielzitierten Vers singt:

Ich bin der, den Ich liebe,
und der, den Ich liebe, ist Ich,

so bedeutet dies, dass »Gott selbst durch Seinen eigenen ewigen Blick Sein ewiges Bild betrachtet.«

Während – wie Massignon sagt – für Ḥallādschs große Zeitgenossen, vor allem Dschunaid, das innere Leben »eine langsame Zerstörung des Menschen, ausgedörrt durch die unerreichbare Sonne der Göttlichen Einheit«, sei, so ist Heiligkeit, wie Ḥallādsch sie auffasste, ein willentliches Teilnehmen an allem, was von Gott kommt. Er strebt »eine vollkommene Vereinigung des menschlichen mit dem Göttlichen Willen durch die Hinnahme und Herbeisehnung des Leidens« an und damit eine Umformung seines eigenen Willens in den Göttlichen. Diese lebendige Teilnahme am Willen Gottes lässt ihn zu »Göttlichen Gnadenzuständen, Berührungen von Gott« gelangen, und er »erfährt durch seine eigene Erfahrung, was sich in Mohammeds Seele zugetragen hat, als er die Offenbarung empfing.« Aus solcher Haltung sind die *Riwāyāt* zu erklären, die seine Gegner als böswillige Nachahmungen des Korans verwarfen, und auch seine Lehre, dass gewisse rituelle Pflichten durch andere, in dem betreffenden Moment nützlichere ersetzt werden können. Man sagt, seine Behauptung, dass auch die Pilgerfahrt nach Mekka durch ein gutes Werk, wie die Speisung von Waisenkindern, ersetzt werden könne, habe schließlich den Ausschlag zu seiner Verurteilung gegeben.

Die gleiche Gewissheit, in unmittelbarem Kontakt mit der Göttlichen schöpferischen Wahrheit zu stehen, führte Ḥallādsch zu seinem *Anā'l-Ḥaqq,* »Mein Ich ist die schöpferische Wahrheit«. Dieser *schaṭḥ,* eine »theopathische Aussage« oder, im Sinne der christlichen Mystik, ein »Paradox«, fasste Ḥallādschs System zusammen. In der mystischen Einigung, so glaubt er, kann sich in seltenen Augenblicken der Ekstase der ungeschaffene Göttliche Geist dem menschlichen Geist so weit nahen, dass er ihn überformt und dass im Sprechen ein Subjektwechsel stattfindet – Gott bezeugt so Seine »ungeschaffene Liebe zu Sich selbst, das heißt zu dem Bilde Seiner menschlichen Natur«, ohne dass die Transzendenz des Urewigen Herrn dadurch aufgehoben oder geschmälert würde. Es ist, wie Massignon meint, »ein Ruf der apokalyptischen Gerechtigkeit«, der Ruf eines Menschen, »dem Gott alles genommen hat, selbst sein Ich…«. Es handelt sich hier also um das Zusammenwirken der menschlichen und Göttlichen Person, nicht aber, wie es in der späteren Mystik und Dichtung immer wieder interpretiert worden ist, um die Bezeugung der All-Einheit, in der Gott und Mensch schließlich nicht mehr sind als die beiden Aspekte *einer* Essenz. Die Übersetzung von *Ḥaqq* mit »Gott«, die später so üblich wurde, liegt natürlich auf dieser letzteren Linie; aber man muss sich immer vor Augen halten, dass Ḥallādsch niemals ausgerufen hat *anā Allāh,* »Ich bin Gott«, was in der Tat eine unglaubliche Blasphemie gewesen wäre.

Ḥallādsch hat sich auch intensiv mit der Gestalt Satans auseinandergesetzt. Nach islamischer Lehre wurde Satan, Iblīs, verdammt, weil er sich weigerte, vor dem neugeschaffenen Adam niederzufallen, wie es Gott allen Engeln und Geistwesen befahl. Satan, einstmals »der Lehrer der Engel« und stolz auf seine feurige Natur, will das nicht und wird verdammt. Aber Ḥallādsch und eine Reihe von Sufis in seiner Nachfolge loben Iblīs auch, weil er als einziger wahrhafter Einheitsbekenner gehandelt habe: Wie hätte er vor einem anderen als Gott niederfallen können? Denn die Frage ist kompliziert: Gott befahl ihm, Adam anzubeten, aber Er hatte vorher befohlen, dass niemand als Er selbst angebetet werden solle – wie konnte sich Satan diesem Dilemma entziehen? Aber Er wollte, dass Satan sich weigerte – anderenfalls hätte er sich nicht weigern können. Und doch, der echte Liebende ist lieber seinem Geliebten gehorsam und empfindet Gottes Fluch als Ehrenkleid, als dass er je seinen Blick von Ihm abgewandt hätte. Damit trifft auf Satan der Vers zu, den Ḥallādsch manchmal auf sich selbst bezogen haben dürfte:

Er warf gefesselt ihn ins Meer und sagte:
Gib Acht, dass dich das Wasser nicht befeuchte!

Seine ausführliche Behandlung dieses Themas im *Kitāb aṭ-Ṭawāsīn* lässt erkennen, wie sehr er selbst unter diesem Dilemma zwischen Göttlichem Willen und Göttlichen Befehl gelitten haben mag. In diesem Kapitel stellt er Satan, Pharao und sich nebeneinander, die alle »Ich« gesagt haben – Satan sprach: »Ich bin besser als er [Adam]«,

Pharao sagte: »Ich bin euer höchster Herr« [Sure 79:24], und er selbst behauptet: »Ich bin die schöpferische Wahrheit«. Spätere Mystiker haben über dieses Geheimnis lange gegrübelt, und Maulānā Rūmī, der größte der persisch schreibenden mystischen Dichter des Islams, hat in einem berühmten Vers in seinem großen Lehrwerk, dem *Mathnawī,* das »Ich« Ḥallādschs dem des Pharaos gegenübergestellt. Friedrich Rückert hat daraus ein Gedicht entwickelt, in dem es am Ende heißt:

Diesen, der sich rühmte,
Dass in der Entrückung
Eins mit Gott er werde,
Sah in der Entzückung
Einst ein Mann und fragte:
»Gott! Warum zur Glut ist
Pharao verdammet,
Weil er ausgerufen:
›Ich bin Gott!‹, und Ḥallādsch
Ist entzückt zum Himmel,
Weil er ruft das Gleiche:
›Ich bin Gott!‹« – Da hört er
Eine Stimme sprechen:
»Pharao, als jenes
Wort er ausgerufen,
Dachte nur sich selber,
Hatte Mich vergessen,
Ḥallādsch, da er's ausrief,
Hatte sich vergessen.
Dachte nur Mich selber.
Darum war im Munde
Pharaos das »Ich bin«

Ihm ein Fluch; das »Ich bin«
Ist in Ḥallādsch eine
Wirkung Meiner Gnade.«

Es war leicht, die ekstatischen Worte und Verse Ḥallādschs misszuverstehen. Seine Sprache ist ebenso schön wie schwierig, und die subtilen Unterschiede seiner Definitionen ließen sich leicht vergröbern und konnten dann dazu dienen, dass er verketzert wurde, oder aber, in späterer Zeit, dass er als Pantheist oder Monist erschien. Es ist das große Verdienst Massignons, dass er ihn von dieser pantheistischen Interpretation befreit und gezeigt hat, dass er die Persönlichkeitsmystik des klassischen Islams zu ihrem logischen Ende geführt hat.

Ḥallādsch und sein Geschick haben alle, die sich mit ihm befasst haben, beunruhigt und erschüttert. Man liest seine Ausrufe, in denen er nach dem urewigen Schöpfer und Gott ruft, Der überall und nirgends ist, der Sich offenbart, wem Er will und Sich verbirgt, vor wem Er will; man genießt den Klang seiner Verse und seine oft so einfachen Bilder, in denen er die Sehnsucht nach Einigung und die zeitweisen Momente der ekstatischen Einigung andeutet; man ist fasziniert von den in reimender Prosa geschriebenen Kapiteln des *Kitāb aṭ-Ṭawāsīn,* das – selbst wenn es vielleicht erst nach seinem Tode zusammengestellt ist – einige seiner wichtigsten Gedanken enthält: den großen Prophetenhymnus, die Rechtfertigung Satans und jene Allegorie von Kerze und Schmetterling, die hier erstmals erscheint und im Laufe der folgenden Jahrhunderte zum Lieblingsbild der persischen Lyrik wurde, bis sie durch Übersetzungen zu Goethe kam und ihn zu seiner »Seligen Sehnsucht« inspirierte.

Man liest aber auch, wie er die Bagdader schockierte, wie er sich selbst im Gebet ungewöhnlich verhielt – erstmals hört man, dass ein Sufi auf dem Kopf stehend betet, was möglicherweise auf Yoga-Einflüsse deutet. Sein manchmal bewusst unorthodoxes Benehmen ist beunruhigend, und man fragt sich, wie man sich wohl selbst verhielte, wenn diese seltsame Gestalt heute auftauchte, mit sehnsüchtigen Rufen nach der absoluten Einheit Gottes suchend und eine radikale Verinnerlichung der Religion fordernd. Er ruft zur Prüfung auf: Wie hätten wir gehandelt, wären wir Theologen oder auch nur Normalbürger in Bagdad gewesen? Hätten wir seine Predigt vielleicht auch als eine unglaubliche Anmaßung oder als Narrheit empfunden?

Vielleicht ist es dieser erregende Charakter Ḥallādschs, der sein Bild immer lebendig gehalten hat. Der Reformator des indischen Islams und geistige Vater Pakistans, Muḥammad Iqbāl (gestorben 1938), hat nach anfänglichem Zögern die dynamische Persönlichkeit Ḥallādschs erkannt und gewissermaßen als Modell für sein eigenes Streben, »Auferstehung zu den geistig Toten« zu bringen, akzeptiert, und der amerikanische Übersetzer von Massignons Ḥallādsch-Biografie, Herbert Mason, hat seine Gefühle für den Märtyrer-Mystiker nicht nur in einem kleinen Drama dargelegt, sondern auch in einem 1966 entstandenen Gedicht, das Ḥallādsch vielleicht für den modernen Menschen etwas verständlicher macht:

Die Bühne war bereit; vielleicht war's ein Aspekt
Deiner Vergangenheit, der zur Verhaftung führte
Und dann zum Tod: »Großvater zoroastrisch«,
Vielleicht, »beim Aufstand sah ich ihn mit Negern«,

Vielleicht, »verkehrt zu viel mit Okkultisten«,
Vielleicht die Indienreise – oder alles andere...

Es nützte nichts, dass einflussreiche Männer
Für deine Sache stritten, oder Professoren
Drum debattierten, Schüler auch marschierten –
Das machte nur das Ende öffentlicher...
Du lebtest nicht für Fama. Sprachst du manchmal
Auch von Reform, so doch privat – zunächst dich selbst
Erst reformierend. Doch was hieß »privat«?
Du wiesest auf Gebrauch von Steuergeldern –
Private Taschen, darin sie verschwinden –
Du wiesest hin auf Unmoral, begangen
(Als sei's Konsens) im öffentlichen Namen.

Doch war's nicht dies. Die Predigten verschluckt,
Neutralisierte Schocks fürs Wirtschaftsleben;
(Einmal im Gange, werden sie vergessen);
Nicht die Moral und die Gerechtigkeit in dir,
Dein Wahrheitssinn nicht war es, der die Weisen
Mit Eifersucht erfüllt, mit Zorn die Herrscher schüttelt,
Nein, es war Liebe – wie Er zu dir kam,
Dein Mitgefangener Er und dein Freund,
Vertrauter dir als deine Frau und Kinder,
Persönlicher als Denken –
Und nie verließ Er dich – du ließest Ihn dich lieben,
Wie das Gesetz erlaubt; doch war es Er,
Der liebt, nicht ein Gesetz, ein Kodex.
Ein eifersücht'ger Mystiker erklärte
Dich für verrückt bei der Gerichtsverhandlung,
Und »heilig« nannte ein Konservativer dich.
Für offizielle Augen war das beides Schuldspruch.

Neun Jahr' im Kerker. Nie verließ Er dich,
Und als sie dich hinaus zum Galgen führten,
Hatt'st keinen Namen du, Ihn anzurufen,
nur »Ich« –
Der Eine, Der dich nicht verließ, nicht starb.

Und fast achthundert Jahre zuvor hatte der persische Mystiker Farīduddīn ʿAṭṭār (gestorben 1220), der geistig von Ḥallādsch in den mystischen Pfad eingeweiht worden war, jene Version seines Lebens und Sterbens geschaffen, die in den folgenden Jahrhunderten fast kanonisch wurde. Er hat vielleicht die knappste Zusammenfassung von der leidensbereiten Liebe des Mystikers gegeben, wenn er in seiner *Tadhkirat al-auliyā,* den »Heiligenbiografien«, erzählt:

Ein Derwisch fragte Ḥallādsch damals: »Was ist Liebe?«

Er sprach: »Du wirst es heute sehen und morgen und übermorgen.«

An jenem Tage töteten sie ihn, am nächsten Tage verbrannten sie ihn, und am dritten Tage gaben sie seine Asche dem Wind.

Gebete, Gedichte und Berichte

Hier bin ich, mein Geheimnis, mein Vertrauter!
Hier bin ich, Dir zu Dienst, mein Ziel, mein Sinn.
Ich rufe Dich, vielmehr rufst Du mich zu Dir:
Spräch' ich »zu Dir«, wenn Du nicht sprächst »zu Mir!«?
Kern meines Wesenskernes, Ziel des Strebens,
Mein Ausdruck, meine Sprache und mein Stammeln!
Du Ganzes meines Ganzen, Aug' und Ohr mir
Und Glieder und Gestaltung, mein Gesamtes...
An Den mein Geist sich klammerte, vergehend
In der Ekstase – da wardst Du mein Pfand.
Gehorsam Dir, der Heimat fern, beweine
Ich meine Qual – dabei hilft mir mein Feind.
Ich nahe mich, doch meine Furcht entfernt mich;
Mich schüttelt Sehnen, tief in mir verwurzelt.
Was tu ich, innigst einem Freund verbunden?
Der Arzt ward meiner Krankheit überdrüssig.
Man sagt mir: »Heile dich von Ihm durch Ihn!« – Doch
Kann ich durch Krankheit mich von Krankheit heilen?
Mich machte schwach und krank nur Seine Liebe –
Wie kann bei Ihm ich über Ihn nun klagen?
Gewiss, ich schmecke Ihn, mein Herz erkennt Ihn,
Doch nur mein Augenwink darf von Ihm künden.
Weh meinem Geist um meines Geistes willen!
Weh Mir! Ich bin der Grund für meine Plage!
Wie einer, der ertrinkt – man sieht die Finger
Um Hilfe flehend – er versinkt im Meere.
Nicht einer weiß das, was mir zugestoßen,
Als Er, Der in mein Innerstes Sich senkte;
Er, Der es weiß, welch Leiden ich erdulde:

In Seinem Willen liegt mein Tod, mein Leben.
Oh höchster Wunsch, mein Gast Du, mein Ersehntes,
Der Seele Leben, meine Welt, mein Glaube!
Sprich: »Ich erkaufte dich«,* mein Ohr, mein Auge!
Warum dies Zögern mir, dem so Entfernten?
Wenn Du, entfernt, den Augen Dich verschleierst:
Das Herz bemerkt Dich ferne, ganz von Weitem.

* Das heißt: »Ich kaufte dich frei.«

Ein Freund berichtet:

Ich ging in den Straßen von Baida hinter Ḥallādsch her, als der Schatten einer Person von einem Dach auf ihn fiel. Ḥallādsch hob den Kopf, und sein Blick traf eine schöne Frau. Da wandte er sich zu mir und sagte: »Du wirst sehen, wie mich die Heimsuchung dafür trifft, selbst wenn es noch eine Weile dauert.«

Und am Tage seiner Kreuzigung war ich unter der Menge und weinte. Da fiel sein Blick von oben auf dem Holze auf mich, und er sagte: »Musa, wer seinen Kopf so hebt, wie du es gesehen hast, und auf etwas blickt, was nicht erlaubt ist, der wird so den Blicken der Menschen ausgesetzt!« Damit deutete er auf das Holz.

Abū Ja'qūb an-Nahradschūrī erzählte:

Als Ḥallādsch zum ersten Mal nach Mekka kam, saß er ein volles Jahr lang im Hofe der Moschee und rührte sich nicht von seinem Platze, außer um sich zu reinigen oder um die Kaaba zu umkreisen, und er schützte sich weder vor der Sonne noch vor dem Regen. Jeden Abend wurde ihm ein Krug Wasser gebracht und ein mekkanischer Brotfladen.* Morgens fand man den Fladen oben auf dem Krug; er hatte drei oder vier Bissen davon gegessen. Dann trug man alles fort.

* Das heißt: Ḥallādsch fastete jeden Tag vom Erscheinen des Morgengrauens bis Sonnenuntergang, wie es an sich nur für den Fastenmonat Ramadan vorgeschrieben ist.

Ibrāhīm ibn Schaibān erzählt:

Ich kam mit Abū ʿAbdallāh al-Maghribī nach Mekka, und man sagte uns dort, dass Ḥallādsch sich auf dem Berg Abū Qubais aufhalte. So stiegen wir dort zur Mittagszeit hinauf – da saß er auf einem Felsblock, und der Schweiß floss von ihm herab, so dass der Felsblock ganz nass geworden war. Als Abū ʿAbdallāh ihn sah, kehrte er um und gab uns ein Zeichen umzukehren; das taten wir. Dann sagte Abū ʿAbdallāh: »Ibrāhīm, wenn du lange genug lebst, wirst du sehen, was den dort treffen wird: Gott wird ihn mit einer solchen Heimsuchung treffen, dass keines Seiner Geschöpfe sie aushalten kann; denn er versucht, mit Gott in Geduld zu wetteifern!«

Einer seiner Gefährten berichtet:

Ich war sieben Jahre mit Ḥallādsch zusammen und sah niemals, dass er an Zukost etwas anderes als in Salz und Essig [Eingelegtes] zu sich nahm. Er hatte nur ein einziges Flickengewand, und auf dem Kopf trug er einen Burnus. Und jedes Mal, wenn ihm unverhofft ein Überwurf geschenkt wurde, nahm er den an und gab ihn dann jemandem. Nachts schlief er grundsätzlich nicht, nur ein wenig am Tage.

Auf einer Einladung rezitierte Ḥallādsch einige rätselhafte Verse, und die Anwesenden ließen ihn fühlen, dass sie ihm feindlich gesonnen waren.

Nun hatte der Gastgeber, Ibn Hārūn, einen Sohn, der war todkrank. Er sagte zu Ḥallādsch: »Bete für ihn!« Ḥallādsch sagte: »Fürchte dich nicht, er ist schon geheilt.« Da kam der Sohn herein, als sei er nie krank gewesen. Darüber staunten die Anwesenden. Ibn Hārūn brachte einen versiegelten Beutel und sagte: »Meister, da sind dreitausend Dinar drin – gib sie aus, wofür du willst.« Nun waren die Leute in einem Raum am Ufer versammelt. Ḥallādsch nahm den Beutel, warf ihn in den Tigris und sagte zu den Scheichen: »Ihr wollt mit mir disputieren – aber worüber? Denn ich weiß, dass ihr recht habt und ich unrecht.« Dann ging er hinaus.

Als es Morgen geworden war, rief Ibn Hārūn dieselben Leute zusammen, legte den Beutel vor sie und sagte: »Gestern dachte ich darüber nach, was ich Ḥallādsch gegeben hatte, und bereute es. Kaum war eine Stunde vergangen, als ein Derwisch, einer von Ḥallādschs Anhängern, kam und sagte: »Der Scheich lässt dich grüßen und sagt: ›Bereue es nicht – hier ist dein Beutel! Denn wer Gott gehorcht, dem gehorchen Land und Meer!‹«

Ḥallādsch pflegte am ersten Ramadan die Absicht zum Fasten zu formulieren und das Fasten am Tage des Festes zu brechen, und er pflegte den Koran jede Nacht vollständig in zwei Gebetseinheiten zu rezitieren und jeden Tag in hundert Gebetseinheiten. Und am Festtag pflegte er ein schwarzes Gewand anzulegen und zu sagen: »Dies ist das Gewand eines, dessen Werke zurückgewiesen werden.«

Ein Freund erzählte:

Um Mitternacht kam Bahrām ibn Marzubān der Zoroastrier zu mir; der war reich. Er hatte einen Beutel mit zweitausend Dinar und sagte: »Gehst du mit mir zu Ḥallādsch? Vielleicht ehrt er dich so sehr, dass du ihm diesen Beutel geben kannst.« So ging ich mit ihm, und wir traten bei Ḥallādsch ein. Er saß auf dem Gebetsteppich und rezitierte den Koran mit lauter Stimme. Er hieß uns sitzen und fragte: »Was braucht ihr denn um diese Zeit?« Ich erzählte ihm, was es war, doch er weigerte sich, [das Geld] anzunehmen. Ich aber bedrängte ihn, und da er mich sehr gern hatte, nahm er es an und sagte dann zu mir: »Geh nicht fort!« So blieb ich, während der Zoroastrier fortging.

Als er gegangen war, stand Ḥallādsch auf, und ich ging mit ihm, bis er mit dem Beutel in der Manṣūr-Moschee eintrat, wo die Derwische schliefen. Er weckte sie und verteilte die Dinare unter sie, nachdem er den Beutel aufgemacht hatte, bis nichts mehr im Beutel war. Ich fragte: »Meister, warum hast du dich nicht bis zum Morgen geduldet?«

Er sagte: »Für den wahrhaft Armen ist es besser, die Nacht mit den Skorpionen von Nisibin* zu verbringen als mit einer Summe Geldes!«

* Die »Skorpione von Nisibin« gelten als besonders giftig. Dass man kein Geld über Nacht bei sich behalten soll, ist eine alte Sufi-Regel.

Abū Jaʿqūb an-Nahradschūrī erzählte:

Ḥusain ibn Manṣūr betrat Mekka zum zweiten Mal, diesmal mit vierhundert Mann. Als sie Mekka erreichten, trennten sie sich von ihm, und nur eine winzige Gruppe blieb bei ihm. Als es Abend wurde, fragte ich ihn: »Wie wird für das Abendessen deiner Anhänger gesorgt?« Er sagte: »Führe sie zum Berg Abū Qubais!« So führte ich sie dorthin, und wir hatten etwas bei uns, womit wir das Fasten brechen wollten. Aber als wir gegessen hatten, sagte Ḥallādsch: »Wie wäre es, wenn wir etwas Süßes äßen?« Wir sagten: »Wir haben doch Datteln gegessen!« Er sagte: »Ich möchte aber etwas, das vom Feuer berührt ist.«

So verschwand er einen Augenblick; dann kam er zurück und hatte eine Platte bei sich, auf der vielerlei Süßigkeiten lagen. Mich überkam ein Verdacht; so ergriff ich ein Stück Süßigkeit, ging auf den Markt und zeigte es den Süßwarenhändlern, aber die kannten es nicht und sagten: »So etwas gibt es nicht in Mekka!« Dann sah ich eine Köchin, der zeigte ich es, und sie sagte: »Das gibt es in Zabid,* aber man kann es nicht transportieren, und ich weiß nicht, wie es hergebracht worden ist.« Da wurde mein Verdacht stärker. Die Frau wollte gerade nach Zabid gehen; so gab ich ihr den Rat, bei den Süßwarenhändlern nachzuforschen und zu fragen, ob einem von ihnen eine Platte mit Süßigkeiten abhandengekommen sei.

Nach einigen Tagen schrieb sie mir, dass einem Süßwarenhändler in Zabid tatsächlich eine Platte mit Süßig-

* Zabid, im Küstenstreifen von Jemen, der Tihama, gelegen, war seit alters ein Sitz islamischer Gelehrsamkeit. Die Entfernung von Mekka beträgt viele Tagesreisen.

keiten abhandengekommen sei. So war ich nun fest davon überzeugt, dass Ḥallādsch ein Zauberer war, der sich auch nicht von ungesetzlichen Handlungen abhalten ließ – bis ich einen weiteren Brief von der Frau erhielt, dass Ḥallādsch dem Süßwarenhändler den Preis der Süßigkeiten und der Platte, ja sogar noch viel mehr gezahlt habe. Da verschwand die Ablehnung aus meinem Herzen, und ich erkannte, dass dies eines seiner Wunder gewesen war.

Abū Isḥāq al-Ḥulwānī berichtet:

Ich diente Ḥallādsch zehn Jahre lang und gehörte zu denen, die ihm am nächsten standen. Aber ich hörte so viel, dessen die Leute ihn beschuldigten, und dass sie sagten, er sei ein Ketzer, dass auch ich Verdacht schöpfte. Davon setzte ich ihn in Kenntnis und sagte eines Tages zu ihm: »Meister, ich möchte etwas von der esoterischen Religionsrichtung lernen!« Er fragte: »Falsche Esoterik oder wahre Esoterik?« Ich überlegte.

Da sagte er: »Wahre Esoterik: Deren Äußeres ist das Religionsgesetz, und wer die Wahrheit im Äußeren des Religionsgesetzes genau erforscht und verwirklicht, dem wird auch ihr Inneres enthüllt, und dieses Innere ist die Kenntnis Gottes. Aber die falsche Esoterik: Deren Inneres ist noch hässlicher als ihr Äußeres, und ihr Äußeres noch abscheulicher als ihr Inneres. Damit befasse dich nicht! – Mein lieber Sohn, ich will dir etwas von meiner Verwirklichung des Äußeren des Gesetzes erzählen: Ich habe mich der Rechtsschule keines der Führer irgendeiner Schule angeschlossen,* sondern habe von jeder Schule das Schwierigste und Härteste ausgesucht, und dem folge ich jetzt. Ich habe niemals das Pflichtgebet verrichtet, ohne vorher die Ganzwaschung vollzogen zu haben und dann noch die kleine Reinigung. Und hier bin ich nun, siebzig Jahre alt, und habe in fünfzig Jahren die Gebete von tausend Jahren

* Im Allgemeinen schließt sich der Muslim einer der vier herrschenden Rechtsschulen an, die sich in – meist geringen – Details in der Auslegung juristischer und ritueller Fragen unterscheiden. Ḥallādsch aber wählt aus jeder Rechtsschule diejenigen Vorschriften aus, die am schwierigsten zu befolgen sind, um so eine möglichst vollkommene Gesetzeserfüllung zu erreichen.

verrichtet – jedes Gebet als Ersatz für die Mängel* des ihm vorausgegangenen.«

* Falls man im fünfmaligen täglichen Ritualgebet einen Fehler begangen hat, etwa eine vorgeschriebene Formel vergessen hat oder, ganz strenggenommen, auch nur unaufmerksam gewesen ist, muss man das Gebet wiederholen. Ḥallādsch empfand, dass in all seinen Gebeten das letzte Ziel des echten Mystikers, die ungetrübte »Anwesenheit des Herzens« und die ekstatische Einigung, noch nicht erreicht war und dass deshalb jedes seiner Gebete unvollkommen war.

Über das Bekenntnis* der Göttlichen Einheit

* Das »Einheitsbekenntnis« (*tauḥīd*) ist die zentrale Aussage: »Es gibt keine Gottheit außer Gott.«

Einer seiner Schüler erzählte:

Ich trat bei Ḥallādsch ein und sagte zu ihm: »Gib mir einen Hinweis auf das Einheitsbekenntnis!«

Er sprach: »Das Einheitsbekenntnis liegt außerhalb der Worte; daher kannst du es nicht aussprechen.«

Ich fragte: »Was bedeutet dann ›Es gibt keinen Gott außer Gott‹?«

Er sprach: »Ein Wort, mit dem Er das gewöhnliche Volk beschäftigt, damit sie nicht mit den wahren Einheitsbekennern vermischt werden. Das ist die Erläuterung des Einheitsbekenntnisses von jenseits des Religionsgesetzes.«

Dann färbten sich seine Wangen rot, und er sprach: »Soll ich es dir kurz zusammenfassen?«

Ich sagte: »Ja.«

Er sprach: »Wer behauptet, er erkläre Gott als Einen, der hat Ihm bereits etwas zugesellt.«*

* Da nur Gott alleine das Recht hat, »Ich« zu sagen, wie Ḥallādschs älterer Zeitgenosse Kharrāz es ausdrückte, kann der Mensch auch das Glaubensbekenntnis »Ich bezeuge, dass es keine Gottheit außer Gott gibt«, im Grunde nicht selbst aussprechen; denn solange er es äußert, bestätigt er damit ja seine eigene Existenz, die so zum »Nebengott« wird.

Die Unterscheidung des zeitlich Geschaffenen vom Vorzeitlichen, dann die Abwendung vom zeitlich Geschaffenen und Hinwendung zum Vorzeitlichen – das ist das Äußere des Einheitsbekenntnisses. Aber seine reine Essenz besteht darin, im Vorzeitlichen vom zeitlich Erschaffenen zu entwerden. Was aber das wirkliche Einheitsbekenntnis anlangt, so hat niemand einen Zugang zu ihm als der Gesandte Gottes, Gott segne ihn und schenke ihm Heil!

Keiner bekennt Gott als Einen außer Gott selbst, und keiner kennt das wahre Wesen des Einheitsbekenntnisses als der Gesandte Gottes.

Ein Freund erzählt:

Ich sah in der Moschee von Nahrawan Ḥallādsch in einer Ecke, wo er betete und den gesamten Koran in zwei Gebetseinheiten rezitierte. Am Morgen grüßte ich ihn und bat ihn: »Lehre mich etwas vom Einheitsbekenntnis!«

Er sprach: »Wisse, dass der Mensch, wenn er Gottes Einheit bekennt, sich selbst bestätigt, und wer sich selbst bestätigt, begeht verborgene Abgötterei. Gott der Erhabene ist es, Der selbst Seine Einheit bekennt durch die Zunge eines Seiner Geschöpfe, das Er wählt. Wenn Er Sich selbst als Einer bekennt durch meine Zunge, so ist Er Er, und es ist Seine Sache; sonst – was habe ich mit dem Einheitsbekenntnis zu tun?«

Wer den Verstand zu Ihm als Führer annimmt,
Den lässt verwirrt Er auf die Weide ziehn;
Sein Inn'res wird vermischt in lauter Täuschung,
Bis dass verstört er fragt: »Ach, gibt es Ihn?«

Wer meint, dass die Göttlichkeit mit der Menschlichkeit sich mische, oder die Menschlichkeit sich mit der Göttlichkeit mische, der ist ungläubig; denn Gott der Erhabene hat Sich in Seiner Essenz und Seinen Attributen von den Essenzen und Attributen der Geschöpfe isoliert; Er ähnelt ihnen auf keine Weise, und sie ähneln Ihm in keiner Weise. Wie könnte man sich eine Ähnlichkeit zwischen dem Vorzeitlichen und dem zeitlich Geschaffenen vorstellen?

Und wer behauptet, dass der Schöpfer in einem Ort oder auf einem Ort oder verbunden mit einem Ort sei, oder dass Er Sich im Inneren vorstellen lasse oder Sich in Vorstellungen einbilden lasse oder unter Beschreibung und Kennzeichnung einprägte, der hat Gott bereits etwas zugesellt.

Wer die Urewigkeit (vor aller Zeit) und die endlose Ewigkeit (nach aller Zeit) betrachtet und seine Augen gegenüber allem verschließt, was dazwischen ist, der bestätigt das Einheitsbekenntnis. Und wer seine Augen vor Urewigkeit und endloser Ewigkeit verschließt und das betrachtet, was dazwischen liegt, verrichtet den Gottesdienst. Und wer sich vom Dazwischen und von den beiden Enden fernhält, der hat den Griff der Wahrheit in die Hand bekommen.

Die Behauptung, Ihn zu kennen, ist Unwissenheit; Ihm fortwährend zu dienen, ist Mangel an Ehrfurcht; sich zu hüten vor dem Kampf mit Ihm ist Verrücktheit; sich täuschen zu lassen von Seinem Frieden ist Dummheit. Disputation über Seine Attribute ist Verwirrung; Schweigen hinsichtlich Seiner Anerkennung ist Furchtsamkeit. Nähe bei Ihm zu suchen, ist Kühnheit; mit Seiner Ferne sich dankbar zufriedenzugeben, ist niedrige Gesinnung.

Das Kennzeichen des Erkennenden ist, dass er sich losgemacht hat von Diesseits und Jenseits.

Wer Ihn kennt, beschreibt Ihn nicht, und wer Ihn beschreibt, kennt Ihn nicht.

Wahrlich, Gott umfassen nicht die Herzen, und nicht erreichen Ihn die Blicke; nicht berühren Ihn die Orte, und nicht enthalten Ihn die Richtungen; nicht wird Er in den Vorstellungen eingebildet, und nicht lässt Er Sich dem Gedanken vorstellen, und nicht tritt Er unter ein Wie ein, und nicht wird Er qualifiziert und erklärt durch Beschreibung. Du aber rührst dich nicht noch ruhest du aus, und atmest nicht, außer Er ist bei dir – nun sieh, wie du lebst! Und dies ist die Art, wie das Volk redet. Die Sprache der Eingeweihten jedoch hat keine Worte. Und die Göttliche Wahrheit ist wahr, und der Mensch ist nichtig, und wenn Wahrheit und Nichtigkeit zusammenkommen, soll man sagen: »Die Wahrheit wider das Nichtige, und sie zerschmettert ihr das Haupt, und siehe, da vergeht es. Wehe aber über das, was ihr von Gott aussagt!« [Sure 21:18].

Er sagte auch:

Die Attribute der Menschlichkeit sind die Zunge der Beweise für die Beständigkeit der Attribute der Ewigkeit, und die Attribute der Beständigkeit sind die Zunge der Hinweise auf die Vergänglichkeit der Attribute der Menschlichkeit. Beides sind Wege zur Erkenntnis des Urgrundes, der das Fundament des wahren Einheitsbekenntnisses ist.

Ohne Fuß erklomm ich einen Gipfel,
Der für andere schwierig zu ersteigen,
Tauchte in ein Meer, doch trocknen Fußes,
Tauchte doch mein Geist, mein Herz erhofft' es;
Drin ruht eine Perle, fern den Händen –
Doch des Denkens Hand kann sie erfassen.
Ohne Mund trank ich von seinem Wasser –
Hat nicht unser Mund einst draus getrunken?
Nach ihm dürstete mein Geist vorzeitens,
Als mein Leib, noch nicht geformt, es spürte.
Waise ich, hab' ich doch einen Vater;
Weil Er fern ist, bleibt mein Herz stets gramvoll.
Blind und sehend, bin ich klug und töricht,
Umkehrbar mein Wort, wenn ich es wünsche.
Jene Bündler* wissen, was ich weiß; ja,
Meine Freunde sind sie, reich an Gutem.
Vor der Schöpfung kannten sie einander –
Ihre Sonne strahlt; die Zeit verdämmert.

* Die im Seelenbund mit ihm Vereinten. [Gemäß Louis Massignon: die im Koran (Sure 18:9–26) erwähnten *ahl al-Kahf* oder *aṣḥāb al-Kahf*, die »Leute der Höhle« oder auch »die sieben Schläfer von Ephesus«].

Ḥallādsch diktierte einem seiner Schüler:

Wahrlich! Gott – Er ist heilig und erhaben, und Ihm gebührt das Lob – ist *eine* Essenz, durch Sich selbst bestehend durch Seine Vorzeitlichkeit, völlig abgetrennt von dem, was nicht Er ist, Sich vereinzelnd von dem, was außer Ihm ist, und zwar durch Sein absolutes Herr-Sein. Nicht mischt sich etwas mit Ihm, und nicht vermengt sich mit Ihm ein anderes; nicht enthält Ihn ein Ort, und nicht erfasst Ihn eine Zeit; nicht schätzt Ihn ein Gedanke ab, und nicht bildet sich Ihn ein Einfall ein; nicht erreicht Ihn ein Blick, und nicht ergreift Ihn Erschlaffung.

*Dann geriet er in ekstatische Freude
und rezitierte:*

Meine Besessenheit hält Dich heilig,
Und was ich denk' über Dich, ist Verwirrung.
Ach, es hat mich der Liebste verwirret
Und eine Braue mit bogigem Schwung,
Und es deutete schon die Liebe
Drauf, dass die Nähe nur Täuschung ist.

Dann sprach er:

Mein Sohn, hüte dein Herz davor, an Ihn zu denken, und deine Zunge, Seiner zu gedenken; doch benutze die beiden dazu, Ihm immer zu danken: Denn über Sein Wesen nachzudenken und sich Seine Attribute vorzustellen und Ihn mit Worten zu bestätigen, gehört zu den gewaltigsten Sünden und zum höchsten Hochmut.

Ein Beobachter sagte:
Ich hörte Ḥallādsch auf dem Markt
von Bagdad schreien:

Oh ihr Muslime, helft mir! Er lässt mich nicht mit meiner Seele vertrauten Umgang haben, und Er nimmt mich nicht von meiner Seele fort, so dass ich Ruhe vor ihr hätte – und das ist eine Koketterie, die ich nicht ertragen kann!

Dann rezitierte er:

Oh meine Heiligkeit! Mit meinem Ganzen
umfasst' ich Deine Liebe.
Du hast Dich mir enthüllt, bis dass ich meinte,
Du seist in meiner Seele.
Ich wendete mein Herz in dem, was außer Dir ist,
und kann nichts sehen,
Als dass es fremd mir ist – und kann nur sehen,
dass Du vertraut mir bist.
Hier bin ich im Gefängniss des Lebens
ganz abgesperrt von Deiner
Vertrauten Nähe… reiße, Herr, mich
zu Dir aus diesem Kerker!

Die Ruhe, und dann Schweigen, und dann Stummheit,
Und Wissen, und dann Finden, dann Begraben,
Und Erde, darauf Feuer, dann ein Leuchten,
Und Kälte, dann ein Schatten, und dann Sonne,
Und Felsgrund, und dann Flachland, und dann Wüste,
Und Fluss, und dann ein Meer, und dann Vertrocknen,
Und Rausch, und dann Ernücht'rung, und dann
  Sehnsucht,
Und Nähe, und dann Treffen, dann Vertrautheit,
Bedrängnis, dann Befreiung, dann Vernichtung,
Und Trennung, dann Vereinung, dann Verlöschen,
Ergreifen, dann ein Rückstoß, dann Entrückung,
Beschreibung, dann Enthüllung, dann Bekleidung.
Nur Worte für die Menschen, die das Diesseits
Gleichsetzen mit wertlosen Kupfermünzen,
Und Stimmen hinter einer Tür; denn Worte
Der Menschen sind, wenn man sich nähert, Murmeln.
Das Letzte doch, dess' sich ein Mensch erinnert,
Wenn er das Ziel erreicht, ist ›Ich‹, ›Mein Glückslos‹;
Denn die Geschöpfe sind der Wünsche Diener,
Und Gottes Wirklichkeit ist ›Heiligkeit‹.*

* Mit diesen Versen versuchte Ḥallādsch, die unterschiedlichen Erfahrungen auf dem Wege zu Gott hin anzudeuten.

Gottesnähe und Gottesferne

Als Ḥallādsch den Schlussgruß des Nachtgebetes verrichtet hatte, sprach er:

»Oh Gott, Du bist Der, Welcher durch alles Gute erhofft wird, und Du bist es, Welcher bei jeder wichtigen Angelegenheit angerufen wird, von Dem die Erfüllung jedes Bedürfnisses erhofft und von Dessen umfassender Huld alle Vergebung und alle Erbarmung verlangt wird. Du kennst und wirst nicht gekannt; Du siehst und wirst nicht gesehen; Du hast Kenntnis von den Winkeln der tiefsten inneren Empfindungen Deiner Geschöpfe, und Du bist allmächtig. Ich aber, da ich den Lufthauch des Zephirs Deiner Liebe und den Dufthauch Deiner Nähe gefunden habe, sehe die festgegründeten Gebirge für niedrig an und halte den Himmel und die Erde für gering. Bei Deiner Wahrheit! Wenn Du mir das Paradies verkaufen wolltest für einen Moment meiner Entrückung oder für einen Nu meiner heißesten Atemzüge – ich würde es nicht kaufen. Und wenn Du vor mich das Höllenfeuer stelltest, voll mit allen Arten Deiner Strafe, hielte ich es für leicht zu ertragen gegenüber dem Zustand, in dem ich mich befinde, wenn Du Dich verhüllst. Verzeih den Geschöpfen und verzeih mir nicht; sei ihnen barmherzig und sei mir nicht barmherzig! Ich disputiere mit Dir nicht um meinetwillen, und ich bitte Dich nicht um meines Rechtes willen – so tu mit mir, was Du willst!«

Der Punkt ist der Ursprung jeder Linie, und die Linie insgesamt besteht aus gesammelten Punkten. So kann die Linie des Punktes nicht entbehren, noch der Punkt der Linie. Und jede Linie, gerade oder gebogen, geht eben von dem Punkte aus. Und worauf immer der Blick eines Menschen fällt, das ist ein Punkt zwischen zwei Punkten.

Und dies ist ein Hinweis darauf, dass die Göttliche Wahrheit durch alles erscheint, was mit Augen erblickt werden kann, und durch alles hindurchscheint, was mit Augen gesehen werden kann. Und daher sage ich: »Ich sehe nichts, in dem ich nicht Gott sehe.«

Niemals steigt und niemals sinkt die Sonne,
Ohne dass nach Dir der Sinn mir stände;
Nie sitz' mit den Leuten ich zu sprechen,
Ohne dass mein Wort Du wärst am Ende.
Keinen Becher Wasser trink ich dürstend,
Ohne dass Dein Bild im Glas ich fände.
Keinen Hauch tu ich, betrübt noch fröhlich,
Dem sich Deingedenken nicht verbände.

Welch Land wär' leer von Dir,
dass jene, Dich suchend, bis zum Himmel gehen?
Du siehst, sie schauen deutlich zu Dir,
Die Dich vor Blindheit doch nicht sehen.

Ein Sonnenlicht von meinem Liebsten hob sich
Zur Nacht und strahlte ohne Untergehen.
Des Tages Sonne kann zur Nacht erscheinen –
Des Herzens Sonne kennet kein Vergehen.

Der Innerste des Inneren verhüllt Sich
Und zeigt am Horizont des Lichtes Falten.
Wie das? Man kennt das Wie nur durch das Äuß're,
Das Inn're: durch das Wesen für das Wesen.
In finstrer Blindheit irren die Geschöpfe,
Ihn suchend, und erkennen nichts als Zeichen:
Zu Gott, dem Ziel, gewandt mit Wahn und Meinen,
Zur Luft sich wendend, reden sie zum Himmel.
Der Herr jedoch ist immer unter ihnen
Und wandelt ihren Zustand alle Stunden.

Ach, wüssten sie, dass sie von Ihm nicht fern sind
Und dass Er nie zurückzieht Sich von ihnen!

Du rinnest zwischen Herzhaut und dem Herzen,
So wie die Tränen von den Lidern rinnen,
Und wohnest im Bewusstsein tief im Herzen,
So wie der Geist wohnt in den Körpern drinnen.
Nichts Regungsloses kann sich jemals regen,
Wenn Du es nicht bewegst, verborgen innen.

Glaube und Unglaube

Ibrāhīm ibn Fātik berichtete:

Eines Nachts trat ich bei Ḥallādsch ein, während er das Gebet vollzog und gerade mit der Rezitation von Sure 2, »Die Kuh«, begonnen hatte. Er betete eine Anzahl von Gebetseinheiten;* dann überwältigte mich der Schlaf. Als ich erwachte, hörte ich ihn, Sure 41 (*Ḥā-mīm*) rezitieren; da wusste ich, dass er den ganzen Koran rezitieren wollte. Er rezitierte den gesamten Koran in einer Gebetseinheit und rezitierte noch mehr in der zweiten.

Dann lachte er mir zu und sprach: »Meinst du, ich bete-te, um Ihn zufriedenzustellen? Wer meint, er könnte Ihn mit seinem Dienst zufriedenstellen, hat einen Kaufpreis für Seine Zufriedenheit festgesetzt.«

Dann lachte er und sprach:

Wenn der Jüngling vollkommenes Fühlen erreicht hat,
Im Rausch nicht mehr an die Vereinigung denkt,
Bezeugt er in Wahrheit, was Liebe ihn lehrt:
Gebet ist für Liebende Unglauben nur!**

* Arabisch: *rak'a.* Das Ritualgebet besteht aus einer festen Folge von Beugungen, Neigungen, Prostrationen, die jeweils eine Einheit bilden, in der Koranverse oder kurze Suren rezitiert werden. Das Gebet, je nach der Tageszeit aus zwei, drei, oder vier solcher Einheiten zusammengesetzt, kann noch durch freiwillig hinzugefügte Einheiten verlängert werden. Während der normale Gläubige bestimmte kurze Koransätze rezitiert, haben die Frommen und vor allem die Mystiker gern lange Abschnitte und oftmals sogar den gesamten Koran während einer Gebetseinheit rezitiert, vor allem im nicht vorgeschriebenem, aber im Koran empfohlenen nächtlichen Gebet, das sich durch eine solche Rezitation die ganze Nacht hindurch ausdehnen konnte.

** Dieser Vers Ḥallādschs ist oft zitiert und von der Orthodoxie kritisiert worden; er liegt in verschiedenen Varianten vor. Der Mystiker meint, dass in vollkommener Ekstase das Ritualgebet, das den Menschen aus dem ekstatischen Zustand in die Welt der Formen zurückbringt, ihm wie Trennung von Gott und daher Unglauben erscheint.

Ein Freund berichtete:

Ich ging eines Nachts hinaus in die Wüste und sah Ḥallādsch auf mich zukommen. Ich wandte mich zu ihm und sagte: »Der Friede sei mit dir, Meister.«

Er sagte: »Hier ist ein Hund, der ist hungrig. Bring mir ein geröstetes Lamm und zwei Brotfladen; ich warte hier.«

Ich ging, kaufte etwas und brachte es ihm. Er band den Hund an einen seiner Füße und legte das Lamm und die Brotlaibe vor ihn, bis er sie aufgefressen hatte. Dann ließ er den Hund frei und schickte ihn fort und sagte zu mir: »Das ist es, was meine Triebseele* seit Tagen von mir fordert, und ich habe ihr widerstanden, bis sie mich diese Nacht heraustrieb, um es zu suchen; aber Gott der Erhabene hat mich über sie obsiegen lassen.« Dann wurde er verzückt und begann, in Ekstase zu rezitieren:

Ungläubig ward ich nun für Gottes Religion:
Mir ist Unglaube Pflicht – doch schlecht bei den Muslimen!

Dann sprach er zu mir: »Kehre um und folge mir nicht; es könnte dir schaden.«

* Die *nafs*, die Triebseele des Menschen, wird in der Legende oftmals als schwarzer Hund dargestellt, dessen sich der Mensch erwehren muss oder den er so erziehen muss, dass er nur noch nützliche Dinge tut (ebenso wie das störrische Pferd, das die Triebseele symbolisieren kann, zugeritten und trainiert werden soll). Ständiger Kampf gegen die Triebseele ist, wie die Sufis sagen, »der Größere Heilige Krieg«.

Ein Jünger erzählte:

In einer mondhellen Nacht ging ich hinaus zum Grabe Aḥmad ibn Ḥanbals.* Da sah ich von Weitem einen Mann, der nach Mekka hin gewandt stand. Ich näherte mich ihm, ohne dass er es merkte, und siehe, es war Ḥusain ibn Manṣūr, der weinte und sprach:

»Oh Du, Der mich mit Seiner Liebe berauscht hat und mich in den Feldern Seiner Nähe verwirrt gemacht hat – Du bist es, Der durch die Vorzeitlichkeit isoliert ist und Der allein ist auf dem Throne der Wahrhaftigkeit. Dass Du Dich dort aufhältst, geschieht durch Gerechtigkeit, nicht durch Ebenmaß; Deine Ferne geschieht durch Absonderung, nicht durch ein Sich-Zurückziehen; Deine Gegenwart geschieht durch Erkennen, nicht durch ein Verändern des Platzes; Deine Abwesenheit geschieht durch Sich-Verschleiern, nicht durch Abreisen. Nichts ist über Dir, dass es Dich beschatten könnte, nichts unter Dir, dass es Dich heben könnte, nichts vor Dir, dass es Dich begrenzen könnte, nichts hinter Dir, dass es Dich erreichen könnte.

Ich bitte Dich bei der Ehre dieser Gräber, die Du angenommen hast, und der Stufen, die von mir gesucht werden, dass Du mich nicht mir selbst zurückgibst, nachdem Du mich mir entrissen hast, und dass Du mich mein Selbst nicht wiedersehen lässt, nachdem Du es vor mir verhüllt hast. Vermehre meine Feinde in Deinem Lande und diejenigen Deiner Diener, die es unternehmen, mich zu töten!«

* Aḥmad ibn Ḥanbal, der 857 starb, war der Führer der traditionsbewussten Theologen, der zeitweise von der Regierung verfolgt wurde, als er an der Lehre festhielt, dass der Koran Gottes ungeschaffenes Wort sei, während die für etwa

Als er mich bemerkte,
wandte er sich zu mir und lachte mir zu,
kehrte um und sagte:

»Der Zustand, in dem ich mich befinde, ist die erste Station der Novizen!«

Ich sagte verwundert: »Was sagst du da, Meister? Wenn dies die erste Station der Novizen ist, was ist dann die Station dessen, der darüber steht?«

Er sprach: »Ich habe gelogen. Es ist die erste Station der Muslime; nein, ich habe wieder gelogen – es ist vielmehr die erste Station des Ungläubigen!«

Dann schrie er dreimal auf und fiel hin, und Blut floss ihm aus der Kehle. Er gab mir mit der Hand ein Zeichen, ich solle gehen. So ging ich und verließ ihn. Als es Morgen wurde, sah ich ihn in der Moschee Manṣūrs. Er nahm meine Hand, wandte sich mit mir in eine Ecke und sprach: »Bei Gott, ich beschwöre dich, lass keinen das erfahren, was du gestern von mir gesehen hast!«

dreißig Jahre herrschende Richtung der Mu'taziliten den Koran zwar fraglos als Wort Gottes, doch als geschaffen ansah. Ibn Ḥanbal ist der Führer der ganz traditionsgebundenen hanbalitischen Rechtsschule, aus der in späterer Zeit die jetzt in Saudi-Arabien herrschende Richtung der Wahhabiten hervorgegangen ist. Sein Grabmal befindet sich etwas außerhalb von Bagdad und wird noch heute von den Frommen aller Richtungen besucht.

Ein Schüler erzählte:

Ich stritt mich mit einem Juden auf dem Markt von Bagdad, und es passierte mir, dass ich sagte: »Du Hund!« Ḥusain ibn Manṣūr ging an mir vorüber, sah mich ärgerlich an und sagte: »Lass deinen Hund nicht bellen!«, und ging rasch fort. Als der Streit zu Ende war, ging ich zu ihm und trat ein, aber er wandte sein Gesicht von mir ab. So bat ich ihn um Verzeihung. Da wurde er wieder ruhig und sagte dann:

»Lieber Sohn, alle Religionen sind Gottes des Erhabenen. Er hat mit jeder Religion eine Gruppe von Menschen beschäftigt – nicht, dass sie diese Religion erwählt hätten, sondern weil Er sie für sie erwählt hat. Und wer einen tadelt, weil das, was er glaubt, nicht richtig sei, so hat er geurteilt, dass jener seine Religion für sich selbst gewählt habe. Das aber ist die Art der Qadariten, und die sind die Zoroastrier dieser Religionsgemeinschaft.*

Wisse, dass Judentum und Christentum und andere Religionen nur verschiedene Beinamen und unterschiedliche Namen sind; aber das, was damit bezweckt wird, ändert sich nicht und ist nicht verschieden.

Ich dachte ernsthaft nach: Was sind Religionen?
Und fand: Ein Wurzelgrund mit mannigfachen
  Zweigen.
Verlang' nicht, dass ein Mensch sich einen Glauben
  wähle,

* Das heißt: sie sind Dualisten. Die Qadariten (von *qadar*, »Geschick«) glaubten im Gegensatz zu den Dschabriten (von *dschabr*, »Zwang«), dass der Mensch für seine Werke Eigenverantwortung trage und nicht, dass jede, auch die kleinste

Der ihn absperren wird von Bindungen, von festen.
Er suche jenen Grund, aus dem der Sinn erwächst,
Die hohen Ziele auch, dass er's versteht am besten!«

Handlung, vorausbestimmt sei. Da sie dem Menschen Eigenverantwortlichkeit zuschrieben, konnten sie von den Extremisten mit den dualistischen Zoroastriern verglichen werden, die ja gleich starke Prinzipien, das Gute und das Böse, annahmen: Ähnlich sehen die Qadariten den Menschen sozusagen als ›eigenständig‹ neben Gott an.

Glaube und Unglaube unterscheiden sich im Hinblick auf den Namen; aber im Hinblick auf die Wirklichkeit gibt es keinen Unterschied zwischen ihnen.

Ḥallādschs Neffe sagte:

Ich sah in der Handschrift meines Oheims geschrieben: »Wer zwischen Unglauben und Glauben unterscheidet, ist ungläubig, und wer nicht zwischen dem Ungläubigen und dem Gläubigen unterscheidet, ist auch ungläubig.«

Es gibt keinen Unglauben auf Erden, unter dem nicht Glaube verborgen wäre, und keinen Gehorsam, unter dem nicht Auflehnung wäre, die größer ist als er; und kein völliges Sich-ganz-dem-Gottesdienst-Weihen, unter dem nicht Aufgeben der Ehrfurcht wäre, und keine Behauptung zu lieben, unter der nicht schlechtes Benehmen wäre. Aber Gott der Erhabene behandelt Seine Diener entsprechend ihrer Fähigkeit.

Ḥusain ibn Manṣūr schrieb einen Brief folgenden Textes:

Im Namen Gottes des Barmherzigen des Erbarmers, Der Sich durch alles demjenigen manifestiert, dem Er will. Friede sei mit dir, mein Sohn.

Gott möge dir das Äußere des Religionsgesetzes verhüllen und dir das wahre Wesen des Unglaubens enthüllen. Denn das Äußere des Religionsgesetzes ist verborgener Unglaube, und das wahre Wesen des Unglaubens ist deutliche Erkenntnis.

Ferner: Lob sei Gott, Der auf der Spitze einer Nadel erscheint, wem Er will, und Der Sich in den Himmeln und Erden verhüllt vor wem Er will, damit dieser bezeuge: »Er ist nicht«, und jener bezeuge: »Es gibt keinen außer Ihm.« Doch ist nicht derjenige verwerflich, der bezeugt, dass Er nicht ist, noch ist derjenige lobenswert, der bezeugt, dass Er ist.

Was ich mit diesem Brief bezwecke, ist, dir zu raten, dass Du dich nicht von Gott täuschen lässt und nicht an Ihm verzweifelst; dass du Seine Liebe nicht begehrst und dich nicht damit zufriedengibst, Ihn nicht zu lieben; sprich nicht über Ihn, um Ihn zu bestätigen, und neige dich nicht Seiner Negation zu. Und hüte dich vor dem Bekenntnis Seiner Einheit!

Leb wohl!

Gottesliebe

Du nahmst Dir zur Wohnung mein Herz,
Geheimnisse sind drin von Dir,
Willkommen seist Du im Haus,
Gefalle die Nachbarschaft Dir!
Kein and'res Geheimnis als Du,
Das je ich gewusst, ist nun dort.
Mit eigenen Augen sieh zu:
Ist wohl noch ein Eindringling hier?
Die Nacht, da Du Dich von mir trennst,
Ob lang sie auch sei oder kurz –
Gedenken und Hoffnung ist dann
Mein trauter Gefährte allhier.
Ich bin ganz zufrieden damit,
Wenn Dir mein Verderben gefällt –
Oh der Du mich tötest! Was Du
Erwählest, erwähle ich mir.

Wollt' ich mich gedulden – doch
Herz kann fern von Herz nicht leben.
Dein Geist mischte meinem sich –
Näherkommen, fern entschweben...
Ich bin Du, genau wie Du
Ich bist, und mein Ziel, mein Streben.

Ein Bekannter berichtet:

Ich trat bei Ḥallādsch ein, als er in einer Moschee war, umgeben von einer Menge Menschen. Er sprach, und das Erste, was ich von seinen Worten vernahm, war:

»Wenn von dem, was in meinem Herzen ist, nur ein Atom auf die Berge der Erde geworfen würde, dann würden sie schmelzen, und wenn ich am Jüngsten Tag im Höllenfeuer wäre, würde ich das Höllenfeuer verbrennen, und wenn ich ins Paradies einträte, würde sein Fundament zusammenbrechen!«

Daraus entwickelte sich die Legende:

Man sagt, Chiḍer* sei an Ḥallādsch vorübergegangen, als er gekreuzigt war. Ḥallādsch sprach zu ihm: »Das ist der Lohn für die Freunde Gottes!«

Chiḍer sagte darauf: »Wir haben es verhüllt und sind heil geblieben; du hast es enthüllt und stirbst. Oh Ḥallādsch, wie geht es dir heute Morgen?«

Er sprach: »Es geht mir so, dass, wenn ein Funke von mir entflöge, ich den Höllenwächter samt seinem Feuer verbrennen würde.«

* Chiḍr (auch: Khidr, Khadir) ist ein geheimnisvoller Prophet und Heiliger, der stets über die Erde wandert, Menschen hilft und sie auch inspiriert. In der deutschen Dichtung durch Rückerts Gedicht »Chidher« bekannt, ist er in der islamischen Überlieferung der unsterbliche, helfende Meister.

In einer Festpredigt sprach Ḥallādsch:

»Lob sei Gott, Der Sich durch Seine Einzigkeit vereinzelt hat von der Gesellschaft von Gefährten und solcher, die Ihm ähnlich sehen, und durch Dessen Allmacht die Tauben der Geister in den Lauben der Leiber sich niederlassend stehen, und Dessen Gnadenwinde über den Sehnenden wehen, so dass er nun – aus Liebe zu Gott – paradiesische Erquickung schon findet vor dem Auferstehen; von Dem die Sturmwinde Seines Zornes in die Herzen der Nachlässigen blasen, so dass sie verlorengehen, obwohl Er deutlich ist zu erspähen, und von Dem Zephire Seiner Huld über die Ekstasen der Liebenden säuseln, so dass sie verlorengehen durch den sich ausbreitenden Duft der Ekstase! Und wir bezeugen, dass es keinen Gott als Gott alleine gibt, Der keinen Genossen hat, den Barmherzigen, den Erbarmer, und wir bezeugen, dass Mohammed Sein Diener und Sein Gesandter ist, Gott segne ihn und gebe ihm Heil, dem Ratgeber der Religionsgemeinschaften und Völker!«

Ein Schüler sagte:

Ich trat eines Tages bei Ḥallādsch ein und sagte zu ihm: »Ich will Gott suchen – wo kann ich Ihn suchen?« Da färbten sich seine Wangen rot, und er sprach:

»Die Göttliche Wahrheit ist erhaben über Wo und Ort und isoliert von Zeit und Zeitpunkt und hält sich fern von Herz und Seele, und verhüllt sich vor Enthüllung und Erklärung, und ist zu heilig, um mit Augen geschaut und von den Vorstellungen der Einbildung umfasst zu werden. Er isoliert Sich von den Geschöpfen durch die Vorzeitlichkeit, ebenso wie sie sich von Ihm durch ihr zeitliches Entstehen isolieren. Und wer solche Eigenschaften hat – wie könnte man den Weg zu Ihm suchen?«

Dann weinte er und sagte:

Ich sprach: Oh meine Freunde – hier die Sonne!
Ihr Licht ist nah – doch fern, sie zu erreichen!

Als Ḥallādsch den Schlussgruß des Gebetes gesprochen hatte, sagte er:

»Oh Gott, Du bist der Eine, durch Den keine unvollkommene Zahl vollkommen wird,* und der Einzige, Welchen der Scharfsinn keines Tiefschürfenden erreichen kann; Du bist »im Himmel Gott und auf Erden Gott« [Sure 43:84]. Ich bitte Dich beim Licht Deines Angesichtes, durch welches die Herzen der Erkennenden erleuchtet werden und vor dem die Geister der Widerspenstigen verfinstert sind – ich bitte Dich bei Deiner Heiligkeit, durch welche Du ausgezeichnet bist gegenüber jedem anderen als Dir und isoliert bist von dem, das außer Dir ist, ich bitte Dich, dass Du mich nicht umherirren lässest in den Weiten der Verwirrung und mich rettest vor den Abgründen des Denkens und mich entfremdest der Welt und mich vertraut machst mit Dir mit innigem Gespräch, oh barmherzigster Erbarmer!«

Dann schwieg er eine Weile, sang vor sich hin, erhob seine Stimme in diesem Singen und sprach:

»Oh Du, in Dem die Liebenden vernichtet werden und durch Dessen Wohltaten die Tyrannen getäuscht werden! Nicht erreichen die Vorstellungen der Menschen die Tiefe Deines Wesens, und nicht gelangen die Bewohner des Landes zum äußersten Ende Deiner Kenntnis. Es gibt keinen Unterschied zwischen Dir und mir außer der Göttlichkeit und Deiner Macht als absoluter Herr!«

Während er sprach, tropfte ihm Blut aus den Augen.

* Das heißt: Seine »Eins« hat nichts mit geschaffenen Zahlen zu tun.

Dein Geist hat sich gemischet mit dem meinen
Wie Moschus mit dem Ambra, duftend reinen:
Was Dich berührt, muss mich sogleich berühren.
So bist Du ich – ein ungetrennt Vereinen!

Es hat mein Geist gemischt sich mit dem Deinen,
Wie Wein vermischt mit klarem Wasser sich.
Wenn etwas Dich berührt, rührt es auch mich an,
Denn immer bist und überall Du ich.

Ich bin Der, Den ich lieb'; Er, Den ich liebe,
Ist ich – zwei Geister, doch in einem Leibe.
Und wenn du mich siehst, hast du Ihn gesehen,
Und wenn du Ihn siehst, siehest du uns beide.

Wie lang' noch tadelst du mich, Tadler, dass ich Ihn liebe?
Wüsstest du, was ich gemeint, tadeltest du mich nicht mehr.
Pilgerfahrt ist für das Volk – ich pilgre hin zum Geliebten;
Schafe bringen sie dar – ich bring' mein eigenes Blut.
Manche kreisen ums Haus, ganz ohne äußere Glieder,
Denn sie kreisen um Gott, brauchen die Kaaba nicht mehr.*

* Ḥallādsch will nicht, wie andere Menschen, am Opferfest ein Schaf schlachten, sondern sich selbst hingeben; die Pilgerfahrt nach Mekka wird spiritualisiert.

Mein Herz besaß wohl manche Lust und Wünsche –
Sie wurden eins, seit Dich mein Blick erlesen!
Wen ich beneidet einst, beneidet mich jetzt,
Seit Du mein Herr bist, bin ich Herr der Wesen.
Mich tadeln ja nur darum Freund und Feinde,
Weil niemand ahnt, wie groß mein Schmerz gewesen.
Ich ließ den Leuten ihre Welt und Glauben –
In Deiner Lieb', Du, Welt und Glaubens Wesen!

Ein Freund berichtete:

Ich sah Ḥallādsch im Bazar des Stadtviertels al-Qaṭīca von Bagdad weinen und schreien: »Oh Leute, rettet mich vor Gott! Oh Leute, rettet mich vor Gott! Oh Leute, rettet mich vor Gott! Denn Er hat mich mir selbst entrissen und gibt mich mir nicht zurück, und ich kann auf diese Gegenwart keine Rücksicht nehmen, und ich fürchte mich vor der Trennung, dass ich abwesend und Seiner beraubt sein werde. Wehe über den, dem Abwesenheit zuteilwird nach der Anwesenheit und Trennung nach der Vereinigung!«

Und die Leute weinten, weil er weinte, bis er die Moschee von ʿAttāb* erreicht hatte. An deren Tor blieb er stehen und fing an, Dinge zu reden, von denen die Leute einiges verstanden, während anderes zu verstehen, ihnen schwerfiel. Zu dem, was die Leute verstehen konnten, gehörte dies:

»Oh Leute, wahrlich, Er spricht mit den Geschöpfen aus Freundlichkeit; Er zeigt Sich offen vor ihnen; dann verhüllt Er Sich vor ihnen, um sie zu erziehen. Ohne Seine Enthüllung würden sie alle ungläubig, und ohne Seine Verhüllung würden sie alle verführt. Deshalb lässt Er keinen der beiden Zustände für sie andauern. Ich aber – vor mir verhüllt Er Sich keinen Augenblick, so dass ich Ruhe hätte, bis dass sich meine Mensch-heit in Seiner Gott-heit versenkt hat und mein Leib sich in den Lichtern Seines Wesens auflöst; und ich habe nun weder Substanz noch Spur, weder Gesicht noch Kunde!«

* Ein Stadtviertel von Bagdad; dort lebten zahlreiche Weber.

Ich sah meinen Herrn mit des Herzens Auge
Und fragte: »Wer bist Du?« Er sagte: »Du.«
Das Wo hat für Dich nicht Wo noch Stelle;
Im Hinblick auf Dich trifft ein Wo nicht zu.
Die Vorstellung hat von Dir keine Bilder,
So dass sie erkennete: Wo bist Du?
Du bist es, Der alles Wo umfassest
Bis hin zum Nicht-Wo – doch wo bist Du?

Oh höchster meiner Wünsche! Siehe, ich
bin voll Verwundrung über Dich und mich.
Du nähertest mich Dir bis zu dem Nu,
da ich vermeinte, Du bist wahrhaft ich.
Und als ich in Verzückung mich verlor,
da ließest Du entwerden mich durch Dich.
Du bist in meinem Leben höchstes Heil,
nach meinem Tode ew'ge Ruh für mich,
Und außer Dir ist niemand mir vertraut,
denn Hoffnung hab ich nicht noch Furcht als Dich.
Der Garten Deiner Zeichen, reich erblüht,
schließt jede Kunst und Weisheit ein in sich
Und wenn ich etwas wünsche, oh mein Du,
so bist Du jeder Wunsch und Traum für mich!

Ein Sinn liegt in Dir, Der die Seelen anzieht,
Ein Hinweis auch, von Dir zu Dir gewandt.
Ich hab ein Herz, mit Augen weit geöffnet –
Und alles dies, es ist in Deiner Hand.

Dein Ort im Herzen ist das ganze Herz,
Denn Deinen Platz rührt nichts Geschaffnes an.
Mein Geist hält zwischen Knochen Dich und Haut –
Verlör' ich Dich – was, meinst Du, tät' ich dann?

Leidenssehnsucht

Ein Freund erzählte:

Ich trat bei Ḥallādsch zwischen Abend- und Nachtgebet ein und fand ihn betend […] Und als er den Schlussgruß gesprochen hatte, warf er sich nieder und sagte Dinge, derengleichen ich nie gehört habe. Und als er im Gebet ganz versunken war, erhob er seine Stimme, als sei er entrückt, und sprach:

»Oh Gott der Götter, oh Herr der Herren, oh Du, ›Den nicht Schlummer noch Schlaf ergreift‹ [Sure 2:256] – gib mich mir selbst zurück, damit Deine Diener nicht durch mich Versuchungen ausgesetzt werden. Oh Er ich und ich Er! Es gibt keinen Unterschied zwischen meiner Ich-heit und Deiner Er-heit außer der Vorzeitlichkeit und der Zeitlichkeit!«

Darauf hob er sein Haupt und blickte mich an und lachte mir einige Male ins Gesicht; dann sagte er:

»Siehst du nicht, wie mein Herr Seine Vorzeitlichkeit über meine Zeitlichkeit schlägt, bis dass meine Zeitlichkeit in Seiner Urewigkeit ausgelöscht wird und mir kein Attribut mehr bleibt als das Attribut des Vorzeitlichen und ich in dieser Eigenschaft rede? Aber die Menschen sind allesamt zeitlich geschaffen und reden aus der Zeitlichkeit. Und wenn ich nun aus der Vorzeitlichkeit heraus rede, lehnen sie mich ab und bezeugen, dass ich ungläubig bin, und streben danach, mich zu töten. Doch sie sind dabei zu entschuldigen und werden belohnt für alles, was sie mit mir machen.«

Wenn ich Dein gedenke, schüttelt mich das Sehnen,
Und wenn ich Dein vergesse – Qualen, Trauer!
Ich wurde ganz zu Herzen, die Dich bitten,
Sie zu verwunden... eilends Schmerzesschauer!

Ich wünsche Dich – doch nicht für die Belohnung.
Ich wünsche nur für die Bestrafung Dich.
Denn ich erlangte alles, was ich brauche –
Nur Den nicht, Der durch Qual begeistert mich.

Gepriesen sei, Dess' Menschheit klar erzeigte
Das strahlende Geheimnis Seiner Gottheit,
Der Sich dann Seiner Schöpfung offenbarte
In der Gestalt dess', »welcher isst und trinkt«,*
Bis Seine Schöpfung Ihn mit Augen schaute,
Gleich einem Blick, da Braue rührt an Braue.

* Dieses Gedicht hat verständlicherweise besonderen Anstoß erregt, da der Dichter die christlichen Ausdrücke *nāsūt,* »menschliche Natur«, und *lāhūt,* »Göttliche Natur«, verwendet und mit den Worten »der isst und trinkt« auf das koranische Jesusbild anspielt (vgl. Sure 5:79).

Ein Freund berichtet:
Ḥallādsch sagte:

»Er hat befohlen, Seine Einzigkeit zu bezeugen, und Er hat verboten, die Tiefe Seiner Er-heit zu beschreiben, und Er hat den Herzen verwehrt, in Seine Wie-heit zu tauchen, und Er hat die Einfälle unfähig gemacht, Seine Gottheit zu erfassen. Nichts erscheint den Geschöpfen von Ihm außer der Kunde. Kunde [oder: »das Prädikat«] kann wahr oder falsch sein. Gepriesen sei Er, der Mächtige, Der Sich dem einen ohne Grund enthüllt und Der Sich dem anderen ohne Ursache verhüllt.

Ich trat bei Dir vor allem Volk
mit meiner Mensch-heit ein,
Und wärst Du meine Gottheit nicht,
wär' dies der Lüge Ort.
Des Wissens Sprache, sie bedarf
der Rede, die dich führt,
Doch des Verborgnen Sprache ist
erhab'ner als das Wort.
Du zeigtest manchen Menschen Dich,
verhülltest andern Dich;
Sie gingen irr – Du schließt Dich ab
von dem Geschaffnen dort.
Doch manchmal steigst im Okzident
Du für die Herzen auf,
Und manchmal gehst im Orient
Du für die Herzen fort.«

Ein Schüler berichtet:
Ich hörte Ḥallādsch im Bazar von Bagdad sagen:

»Auf denn – verkünde meinen Freunden, dass ich
Zur See fuhr und mein Schiff zerbrochen ist.
Mein Tod ist in der Religion des Kreuzes,
Ich will nicht mehr nach Mekka, nach Medina!«

Ich folgte ihm, und als er in sein Haus eintrat, sprach er: »Gott ist groß!«, und begann zu beten. Er rezitierte die Fātiḥa und die Sure »Die Dichter« [Sure 26] bis zur Sure »Die Rhomäer« [Sure 30]. Und als er zu Gottes Wort kam: »Er sprach: Diejenigen, denen Wissen und Glauben gegeben wurden…«, wiederholte er den Satz und weinte.

Und als er den Schlussgruß gesprochen hatte, sagte ich: »Meister, du hast auf dem Bazar ein so ungläubiges Wort gesagt, und jetzt machst du hier ein solches Aufhebens vom Gebet! Was willst du eigentlich?«

»Dass dieser Verfluchte – dabei deutete er auf sich – getötet werde!«

Ich fragte: »Ist es erlaubt, die Leute zu etwas Nichtigem zu verleiten?«

Er sprach: »Nein; doch ich verleite sie zur Wahrheit. Denn nach meiner Meinung ist die Tötung dieser Person gesetzlich erforderlich, und sie werden dafür belohnt werden, weil sie Eifer für ihre Religion zeigen.«

Ein anderer Schüler berichtet:

Ich sah Ḥallādsch in die Moschee al-Manṣūr eintreten. Er sprach: »Leute, hört *ein* Wort von mir!« Da versammelten sich viele Leute um ihn; unter ihnen solche, die ihn liebten, und solche, die ihn ablehnten.

Und er sprach: »Wisset, dass Gott der Erhabene euch mein Blut erlaubt hat – so tötet mich denn!«

Da weinten einige Leute, und ich trat aus der Menge heraus und fragte: »Meister, wie sollen wir einen Mann töten, der das Gebet verrichtet, fastet und den Koran rezitiert?«

Er sprach: »Freund, der tiefere Sinn, um dessentwillen Blut vergossen wird, liegt außerhalb von Gebet und Fasten und Koranrezitation. So tötet mich denn, damit ihr belohnt werdet und ich Ruhe finde. Ihr werdet Glaubenskämpfer sein, und ich werde als Märtyrer sterben.«

Da weinten die Leute, und er ging fort. Ich folgte ihm zu seinem Haus und fragte: »Meister, was soll das bedeuten?«

Er sprach: »Es gibt auf der Welt nichts Wichtigeres für die Muslime, als mich zu töten.«

Ich fragte: »Wie ist der Weg zu Gott?«

Er sprach: »Der Weg zwischen zweien, und ›Nicht ist mit Mir einer‹.«

Ich sagte: »Erkläre mir das!«

Er sprach: »Wer unsere Anspielungen nicht begreift, den leiten unsere Erklärungen nicht.« Dann sprach er:

Ach bin ich's oder *Du?* Das wären ja zwei Götter!
Oh fern, oh fern von mir, die Zweiheit zu bekennen!

In meiner Nichtheit ist für ewig Deine Er-heit,
Mein Wesen: immerfort zwieschichtige Verkleidung.
Wo ist Dein Wesen denn, mir fern, dass ich es sähe?
Schon war mein Wesen klar, bis es kein Wo mehr gibt.
Wo ist Dein Angesicht, das doppelt ich erstrebe –
Im Herzensnadir* sei's, im Augennadir sei's?
Ach, zwischen Dir und mir steht ein »Ich bin« –
das quält mich.
Heb' auf durch Dein »Ich bin« mein »Ich bin«
zwischen uns!

Und ich sagte zu ihm: »Möchtest du mir diese Verse nicht erklären?«

Er sprach: »Keinem wird ihr Sinn anvertraut als dem Propheten Gottes aus wahrer Erkenntnis, und mir in der Folge.«

* Der Nadir, im Gegensatz zum Zenith, ist der niederste Punkt der Umlaufbahn eines Gestirns.

Wenn Du mich durch Heimsuchungen in kleine Stücke schnittest, würde ich Dich doch nur immer mehr lieben!

Wir sind das ganze Jahr auf Suche nach Heimsuchung, wie ein König, der immer auf Suche nach einer neuen Provinz ist.

Ein Freund berichtet:
Ich sah Ḥallādsch im Bazar von al-Qaṭīʿa
an der Moscheetür stehen.

Er rief: »Ihr Leute, wenn Gott der Wirkliche Sich eines Herzens bemächtigt, entleert Er es von allem außer Ihm, und wenn Er ständig mit jemandem zusammen ist, lässt Er ihn von allem außer Ihm entwerden, und wenn Er einen Diener liebt, drängt Er Seine [anderen] Diener zur Feindschaft mit ihm, damit jener sich Ihm zuwende und nahe. Und wie geht es mir? Ich habe keinen Dufthauch von Gott gefunden und keine Nähe zu Ihm, keinen Augenblick lang – und doch befeinden die Leute mich ständig.«

Dann weinte er, bis die Leute auf dem Markt auch anfingen zu weinen. Und als sie weinten, fing er an zu lachen und lachte beinahe laut auf; dann stieß er ununterbrochen quälende Schreie aus und sprach einige Verse.

Ḥallādsch sagte:

»Wer zum Ziel gelangen will, der werfe die Welt hinter sich.« Dann rezitierte er:

Oh Seele, dir obliegt es, dich zu trösten –
Ruhm liegt in Einsamkeit und in Askese!
Du sollst des Aufstrahls denken, dessen Nische
Die mystische Enthüllung ist, Verklärung.
Ein Teil von meinem Teil denkt meines Teiles;
Zum Ganzen Meines Ganzen lechzt mein Ganzes.

Das Kennzeichen des Erkennenden ist, dass er sich losgemacht hat von Diesseits und Jenseits.

Der Novize ist ein Bogenschütze, der von Anfang an auf Gott zielt und nicht vom Wege abweicht, bis er ans Ziel gelangt ist.

M[ystisch] arm ist derjenige, welcher alle Dinge außer Gott entbehren kann und nur durch Gott schaut.

Wer die Göttliche Wahrheit im Licht des Glaubens sucht, ist wie einer, der die Sonne im Licht der Sterne sucht.

Oh Gott, Du weißt, dass ich unfähig bin, Dir zu danken; so danke Dir selbst statt meiner, denn das allein ist Dank.

Gefangenschaft und Tod

Ibrāhīm ibn Fātik erzählte:

Ich trat eines Tages unerwartet bei Ḥallādsch ein in einen Raum, den man ihm [im Gefängnis] zugeteilt hatte, und sah ihn, den Scheitel auf dem Boden, sprechen:

»Oh Du, Der, wenn Er nahe ist, ständig in meiner Seele weilt, und Der, wenn Er abwesend von mir ist, so fern ist wie das Vorzeitliche vom zeitlich Geschaffenen! Du strahlst vor mir auf, bis ich denke, Du seiest Alles, und Du ziehst Dich von mir zurück, bis ich bezeuge, dass Du nicht bist. Weder lässt Deine Ferne mich lebendig bleiben, noch nützt mir Deine Nähe; der Krieg mit Dir gibt mir keinen Nutzen, und der Frieden mit Dir gibt mir keine Sicherheit.«

Als er meine Anwesenheit bemerkte, setzte er sich aufrecht hin und sprach: »Tritt ein, scheue dich nicht.«

So trat ich ein und setzte mich vor ihn, und seine Augen waren wie zwei Feuerflammen.

Dann sprach er: »Mein lieber Sohn, einige Leute bezeugen, dass ich ungläubig bin, und andere bezeugen, dass ich ein Heiliger bin. Aber diejenigen, die meinen Unglauben bezeugen, sind mir und Gott lieber als diejenigen, die mir Heiligkeit zuerkennen.«

Ich fragte: »Meister, warum dies?«

Er sprach: »Weil diejenigen, die mir Heiligkeit zuerkennen, das tun, weil sie gut von mir denken. Und diejenigen, die mich des Unglaubens bezichtigen, tun das aus Eifer für ihre Religion. Und einer, der sich für seine Religion ereifert, ist Gott lieber als einer, der über jemanden etwas Gutes denkt.«

Dann sprach er zu mir: »Und wie wird es dir gehen, wenn du mich gekreuzigt, getötet und verbrannt siehst? – Und das wird der glücklichste von allen Tagen meines Lebens sein!«

Dann sprach er: »Sitz nicht länger; geh im Schutze Gottes!«

Ein Besucher berichtet:

Ich hatte meinen Bruder besucht, der in Bagdad im Gefängnis war, und hörte in einer dieser Nächte ein gutes Gebet. Ich lauschte ihm, und es sprach einer mit schlaflosem Herzen und schauender Zunge:

»Oh mein Freund, Du beschützest mich, wenn Du willst und bei Deiner Macht! Wenn sie mich auch mit den verschiedensten Heimsuchungen quälen, so sehe ich darin nichts als den Ausdruck der schönsten Gnaden, weil die Strahlen der Lichter der innersten Herzen die Enthüllungen der äußeren Zustände bereits verbrannt haben.«

Und ich hörte ihn in seinem Gebet sagen:

»Oh Gott, ich fürchte Dich, weil ich ein Sünder bin, und ich hoffe auf Dich, weil ich ein Gläubiger bin, und ich verlasse mich auf Deine Güte, weil ich um Verzeihung bitte, und ich dehne mein Gebet lange aus, weil ich Gutes von Dir denke!«

Da erkundigte ich mich, wer er sei, und man sagte, es sei Ḥusain ibn Manṣūr al-Ḥallādsch.

Ein Zeuge berichtet:

Als die Nacht kam, an deren Morgen Ḥallādsch getötet wurde, erhob er sich und wandte sich zur Kaaba, seinen Mantel überwerfend, und hob seine Hände und sprach mit vielen Worten, die man nicht alle behalten konnte. Zu dem, was ich davon behalten habe, gehört, dass er sagte:

»Wir sind Deine Zeugen. Wir nehmen Zuflucht in dem Glanz Deiner Macht und werden durch ihn erleuchtet, damit Du erscheinen lässest von Dir, was Du willst. Du bist es, Dessen Thron im Himmel ist, und ›Du bist im Himmel Gott und auf Erden Gott‹ [Sure 43:84]. Du manifestierst Dich, wie Du willst, so wie es Deine Manifestation – entsprechend Deinem Willen – als ›schönste Form‹* ist, und in dieser Form ist der Geist, der wirkt durch Wissen, Erklärung, Macht und Beweis. Dann hast Du Deinem Zeugen, dem Ich-Seienden, Dein Wesen, das Er-Seiende, eingegeben. Und wie ist es mit Dir, wenn Du Dich mir selbst verähnlichst am Ende meiner Etappen, und Mich selbst anredest durch Mich selbst, und Du die Realitäten Meiner Kenntnisse und Meiner Wunder erscheinen lässt, während Ich aufsteige in Meinen Himmelfahrten zu den Thronen Meiner Urewigkeit bei Meinem schöpferischen Wort! Man hat mich ergriffen und gefangen und herbeigebracht und gekreuzigt und getötet und verbrannt, und die aufwirbelnden verstreuenden Winde tragen meine Teile davon. Und wahrlich, ein Atom des Yandschudsch-Räucherwerkes,** der Stütze des Tem-

* Der Vers enthält eine Anspielung auf Sure 95:4, wonach Gott den Menschen »in schönster Gestalt« geschaffen hat.

** Mit dem geheimnisvollen Räucherwerk meint Ḥallādsch seine Gebeine, die zu Asche verbrannt werden sollen.

pels meiner Transfigurationen, ist gewaltiger als die festgegründeten Berge!«

Dann rezitierte er:

Trauer klage ich Dir für die, deren Zeuge gegangen
Hinter das Wo, um zum Zeugen der Urewigkeit zu
gelangen.
Trauer klage ich Dir um Herzen, die lange entwöhnt sind
Der Wolken der Offenbarung, die Meere der Weisheit
umfangen.
Trauer klage ich Dir um die Sprache Gottes – geschwunden
Ist sie, und auch die Erinnerung dran ward wie Nichtsein
seit Langem.
Trauer klage ich Dir um die klaren Beweise, vor denen
Worte und Verständnis der Allerberedtesten demütig
bangen.
Trauer klage ich Dir um die Andeutungen des Geistes –
Nichts blieb als Trümmer, verfallen, von all ihrem
Prangen.
Trauer klag' ich – bei Deiner Liebe! – um die Tugenden
jener,
Die ihre Reittiere stets mit dem Zaum des Gehorsams
bezwangen.
Siehe, sie alle verwehten; da ist keine Spur und kein
Brunnen –
Hingegangen wie 'Ad, wie die Stätten von Iram vergangen.*

* 'Ad war, nach verschiedenen Andeutungen im Koran (Suren 7:67, 41:14 u.a.), ein altes Volk, das hochmütig geworden war und durch einen Sturm ausgerottet wurde. Iram »mit den Säulen« (Sure 89:6) erscheint einmal zusammen mit 'Ad, als Beispiel, wie auch großartigste Bauten und Völker verschwinden, wenn Gottes Zorn sie trifft.

Und es sind ihnen Menschen gefolgt, die im Finsteren
tappen,
Blinder als Tiere, als Herden von Vieh nur in blindem
Verlangen.

Man brachte Ḥallādsch gefesselt, in Ketten,
und er tanzte in seinen Fesseln
und sprach lachend:

Mein Zechgenosse, immer
von Tyrannei ganz rein:
Gastfreundlich gab er Wein mir,
lud mich, sein Gast zu sein;
Und als der Becher kreiste,
ließ er den Henker ein –
So geht's, wenn mit dem Drachen
im Sommer man trinkt Wein!

Ibrāhīm ibn Fātik berichtet:

Als man Ḥallādsch brachte, um ihn zu kreuzigen, sah er das Holz und die Nägel. Da lachte er so sehr, dass seine Augen tränten. Dann wandte er sich zu der Menge, sah Schiblī darunter und sprach zu ihm: »Abū Bakr, hast du deinen Gebetsteppich bei dir?«

Er sagte: »Ja gewiss, Meister!«.

Er bat: »Breite ihn für mich aus!«

Er breitete ihn aus. Und Ḥusain ibn Manṣūr betete zwei Gebetseinheiten darauf. Ich war nahe bei ihm. In der ersten Gebetseinheit rezitierte er die Fātiḥa [Sure 1] und Gottes Wort: »Wir werden euch mit etwas an Furcht und Hunger heimsuchen« [Sure 2:155], und in der zweiten rezitierte er die Fātiḥa und Gottes Wort: »Jede Seele kostet den Tod« [Sure 3:185]. Und als er den Schlussgruß des Gebetes sprach, sagte er Dinge, die ich nicht alle behielt. Zu dem, was ich behielt, gehört dies:

»Oh Gott, wahrlich, Du bist es, Der Sich aus jeder Richtung manifestiert, Der von jeder Richtung frei ist. Bei der Tatsache, dass Du mein Recht garantierst, und bei der Tatsache, dass ich Dein Recht garantiere – dass ich Dein Recht garantiere, widerspricht dem, dass Du mein Recht garantierst, denn meine Garantie für Dein Recht kommt aus meiner menschlichen Natur, und Deine Garantie für mein Recht kommt aus Göttlicher Natur. Und so wie meine Menschlichkeit in Deiner Göttlichkeit aufgeht, ohne sich mit ihr zu vermischen, so überwältigt Deine Göttlichkeit meine Menschlichkeit, ohne sie zu berühren.

Bei Deiner Vorzeitlichkeit gegenüber meiner Zeitlichkeit! Und bei meiner Zeitlichkeit unter den Gewändern

Deiner Vorzeitlichkeit! [Ich preise Dich dafür], dass Du mir den Dank für diese Wohltat bescherst, die Du mir gnädig gewährt hast, als Du den anderen das verbargst, was Du mir an Erscheinungen Deines Antlitzes enthülltest, und anderen als mir das verboten hast, was Du mir erlaubt hast an Schau in die verborgenen Tiefen Deines Mysteriums. Diese Deine Diener haben sich versammelt, um mich zu töten, aus Eifer für Deine Religion und um Dir näherzukommen. Vergib ihnen, denn wenn Du ihnen enthüllt hättest, was Du mir enthüllt hast, so täten sie nicht das, was sie tun; und wenn Du mir verhüllt hättest, was Du ihnen verhüllt hast, so würde ich nicht mit dem heimgesucht, womit ich nun heimgesucht werde. Dir gebührt Lob für das, was Du tust, und Dir gebührt Lob für das, was Du willst.«

Dann schwieg er und betete innerlich.

Dann sprach er:

Tötet mich, oh meine Freunde!
Denn im Tod nur ist mein Leben.
Ja, im Leben ist mir Tod nur,
Und im Sterben liegt mein Leben!
Wahrlich, höchste Gnade ist es,
Selbst verlöschend zu entschweben,
Und als Schlechtestes erkenn ich,
Fest an diesem Leib zu kleben.
Überdrüssig ist die Seele,
Hier noch im Verfall zu leben:
Tötet mich, ja, und verbrennt mich,
Dessen Glieder elend beben!
Geht dann an dem Rest vorüber,
An den Grüften, leer von Leben:
Meines Freunds Geheimnis sollt ihr
Aus der Erden Innerm heben.
Seht, ich, einer von den Alten,
Die nach höchsten Rängen streben,
Bin jetzund ein Kind geworden,
Nur der Mutterbrust ergeben,
Ruhend in der salzgen Erde
Und in tiefsten dunklen Gräben!
Wunderbar, dass meine Mutter
Ihrem Vater gab das Leben,
Und dass meine jungen Töchter
Mich gleich Schwestern jetzt umgeben –
Ehbruch nicht, noch Zeitenwandel
Haben dies Geschehn ergeben!
Sammelt meine Teile alle

Aus erstrahlenden Geweben,
Aus der Luft und aus dem Feuer,
Aus dem frischen Quell daneben!
Sät sie sorglich in die Erde,
Die noch staubig ist und eben,
Und befeuchtet sie, oh Freunde:
Lasst die Becher kreisend schweben!
Lasst die Dienerinnen gießen,
Brunnen drehend Wasser heben!
Seht, nach sieben Tagen wird sich
Draus ein edler Strauch erheben!

Da trat Abū'l-Ḥasan der Henker vor und gab ihm eine Ohrfeige, dass seine Nase blutete und das Blut auf sein graues Haar floss. Da schrie Schiblī auf und zerriss sein Gewand. Abū'l-Ḥusain al-Wāsiṭī und eine Menge berühmter Mystiker wurden ohnmächtig, und fast wäre ein Aufstand losgebrochen. Aber die Wächter taten, was sie taten.

Schiblī berichtet:

Ich ging zu Ḥallādsch, als seine Hände und seine Füße bereits abgeschlagen waren und er auf einem Baumstumpf gekreuzigt war, und sagte zu ihm: »Was ist Mystik?«

Er sprach: »Ihre niedrigste Stufe ist, was du hier siehst.«

Ich sagte: »Und was ist die höchste?«

Er sprach: »Dazu hast du keinen Zugang. Aber morgen wirst du es sehen. Denn es ist im Verborgenen, was ich gesehen habe, und so ist es dir verborgen.«

Und als es Zeit zum Abendgebet war, kam die Erlaubnis vom Kalifen, ihm den Kopf abzuschlagen. Da sagte der Wächter: »Es ist schon Abend; wir wollen es bis morgen verschieben.«

Und als der nächste Morgen kam, wurde er vom Holz genommen und vorangeführt, damit man ihm den Kopf abschlüge.

Da sprach er mit lauter Stimme: »Der Anteil des in Ekstase Versunkenen ist, dass der Eine ihn zur Einheit zurückführt.«*

Dann rezitierte er den Koranvers: »Herbeiwünschen [die Stunde des Gerichts] diejenigen, die nicht an sie glauben; die aber, welche an sie glauben, wissen, dass es die Wahrheit ist« [Sure 42:18].

* Dieser letzte Satz des Märtyrer-Mystikers ist in verschiedener Form überliefert und entsprechend verschiedenartig übersetzt worden. Schon der erste Orientalist, der ihn zitierte, der protestantische Theologe August Tholuck gibt ihn (1821) falsch wieder und zieht daher völlig verkehrte Schlüsse über Ḥallādschs Lehre. Die hier gegebene Fassung ist die von H.H. Schaeder als treffendste empfundene; eine andere Variante, die das letzte Wort im Arabischen auslässt, würde besagen: »... dass er den Einen isoliert«, das heißt: der in Ekstase Versunkene sieht nur noch den Einen, Einzigen.

Und man sagt, dies sei das Letzte gewesen, was man von ihm gehört habe. Dann wurde ihm der Kopf abgeschlagen, und er wurde in eine Matte gewickelt und mit Naphta übergossen und verbrannt, und seine Asche wurde oben auf ein Minarett getragen, damit der Wind sie verstreue.

ʿAṭṭār erzählt:

Alle Zuschauer begannen, Steine zu werfen. Um auch mitzuhalten, warf Schiblī eine Rose. Ḥallādsch seufzte. Sie fragten: »Du hast nicht geseufzt, als alle diese Steine dich trafen – warum hast du wegen einer Rose geseufzt?«

Er sprach: »Weil jene nicht wissen, was sie tun. Sie sind entschuldbar. Von ihm aber kam es mir hart an; denn er weiß, dass er nicht werfen sollte.«

Als sie ihn unter den Galgen brachten, küsste er die Tür des Bogens und setzte den Fuß auf die Leiter. Sie fragten: »Wie geht es?«

Er sprach: »Die Himmelfahrt der wahren Männer ist die Spitze des Galgens.«

Sie schlugen ihm die Hände ab; er lachte auf.

Sie riefen: »Warum lachst du?«

Er sprach: »Es ist leicht, die Hände eines gebundenen Mannes abzuschlagen. Der ist ein wahrer Mann, der die Hände der Attribute abschlägt, welche die Krone des Strebens vom Scheitel des Thrones wegnehmen.«*

Dann schlugen sie ihm die Füße ab. Er lächelte und sprach: »Mit diesen Füßen habe ich eine irdische Reise gemacht. Ich habe noch andere Füße, die auch jetzt noch durch beide Welten reisen. Wenn ihr könnt, dann schlagt jene Füße ab!«

Dann rieb er seine blutigen abgeschlagenen Handstümpfe über sein Gesicht, so dass seine Arme und sein Gesicht blutbefleckt wurden.

Sie fragten: »Warum hast du das getan?«

* Das heißt: solcher Eigenschaften, die ihn an seinem hohen Streben hindern.

Er sprach: »Ich habe viel Blut verloren. Ich weiß, dass mein Gesicht bleich geworden ist. Ihr nehmt an, die Blässe meines Gesichtes käme von meiner Angst. Ich habe das Blut über mein Gesicht gerieben, damit ich in euren Augen rotgesichtig [auch: ehrenvoll] erscheine. Die Rosenfarbe der Helden ist ihr Blut.«

Sie sagten: »Und wenn du dein Gesicht gerötet hast, warum hast du deine Arme befleckt?«

Er sprach: »Ich nehme die Gebetswaschung vor.«

Sie sprachen: »Was für eine Gebetswaschung?«

Er sprach: »Zwei Gebetseinheiten in Liebe, für welche die Waschung nicht korrekt ist, sie sei denn mit Blut vorgenommen.«

Als Ḥusain ibn Manṣūr gehängt wurde, sprach Schiblī in jener Nacht zu Gott: »Wie lange noch willst Du die Liebenden töten?«

Und Er sprach: »Bis sie Mein Blutgeld finden.«

Und ich sagte: »Oh Herr, was ist Dein Blutgeld?«

Er sprach: »Die Begegnung mit Mir und Meiner Schönheit ist das Blutgeld der Liebenden.«

Schiblī sah Ḥusain ibn Manṣūr im Traum nach seiner Hinrichtung. Er fragte:

»Was hat Gott mit dir gemacht?«

Er sprach: »Er hat mich erniedrigt und Er hat mich geehrt!«

Er sagte: »An welcher Stelle hat Er dich erniedrigt?«

Er antwortete: »An dem Sitzplatz der Aufrichtigkeit bei einem mächtigen König« [Sure 54:55].

Er fragte: »Und was hat Er mit diesen Leuten gemacht?«

Er sprach: »Er hat allen beiden Parteien vergeben – denen, die gütig zu mir waren, und denen, die mich befeindeten – dem, der gütig zu mir war, weil er mich kannte und mich um Gottes Willen gütig behandelte, und dem, der mich befeindete, weil er mich nicht kannte und mich um Gottes Willen befeindete. So sind sie beide entschuldigt und werden als tugendhaft angesehen.«

Aus dem *Kitāb aṭ-Ṭawāsīn*

Ṭāsīn des Verstehens

Das Verständnis der geschaffenen Wesen hat keine
Beziehung zur Wirklichkeit,
Und die Wirklichkeit hat keine Beziehung zum
Geschaffenen.
Die Gedanken sind Bande,
Und die Bindungen der erschaffenen Wesen erreichen
nicht die Wirklichkeiten.
Das Erfassen des Wissens von der Wirklichkeit ist schwer –
Das der Wirklichkeit der Wirklichkeit – wie viel mehr!
Die Wahrheit liegt hinter der Wirklichkeit
Und die Wirklichkeit diesseits der Wahrheit.

Der Falter fliegt um das Kerzenlicht,
Bis der Morgen anbricht,
Und kehrt zu seinesgleichen zurück,
Berichtet ihnen von des Zustandes Glück
Mit lieblichstem Wort;
Dann vereint er sich mit der koketten Schönheit,
Begierig, zur Vollkommenheit zu gelangen.

Das Licht der Kerze ist das Wissen von der Wirklichkeit.
Ihre Wärme ist die Wirklichkeit der Wirklichkeit.
Das Gelangen zu ihr die Wahrheit der Wirklichkeit.

Er begnügt sich nicht mit ihrem Licht,
Mit ihrer Wärme nicht,
Und wirft sich ganz hinein,
Und seinesgleichen erwarten seine Rückkehr,
Damit er ihnen von der Schau berichte,

Da er nicht mit der Kunde sich begnügt.
Und da entschwindet er, vermindert sich, verflüchtigt sich
Und bleibt ohne Spur oder Leib, ohne Namen und
  Zeichen.
Weshalb sollte er zu den Formen zurückkehren
Und in welchem Zustand, nachdem er gewonnen hat?
Wer zu Schau gelangt, bedarf nicht mehr der Kunde;

Wer zum Geschauten gelangt, bedarf nicht mehr der Schau.

Aus den Riwāyāt *(den »Überlieferungen«)*

Von Ḥallādschs »Überlieferungen« sind 27 erhalten. Er bedient sich darin einer ganz persönlichen Überliefererkette, die aus kosmischen Größen und mystischen Begriffen bis zur Quelle der Göttlichen Weisheit zurückgeht, während die normale Überliefererkette, durch die Worte und Taten des Propheten Mohammed tradiert werden, aus einer Reihe genau bekannter Persönlichkeiten besteht, die, als glaubwürdig befunden, von Generation zu Generation bestimmte Handlungen des Propheten berichten.

Bei den von Ḥallādsch vorgebrachten Überlieferungen handelt es sich meist um sogenannte Hadīth qudsī, *das sind Gottesworte, die nicht im Koran vorkommen und dem Propheten oder einem anderen Frommen als direkte Inspiration geschenkt worden sind. Die meisten der von Ḥallādsch angeführten Überlieferungen sind auch aus anderen Quellen bekannt, aber er zitiert nur diejenigen, die er durch mystische Erleuchtung für sich selbst als wahr erkannt hat. Daher wurde ihm von der Orthodoxie der Vorwurf gemacht, er wolle den Koran nachahmen – die schlimmste Blasphemie, die man sich vorstellen kann.*

Von dem Geist des Lebens und dem Licht des Ohres und Auges der Menschen; diese beiden von dem Uranfänglichen, vom Verborgenen, vom klaren Namen, von Gott dem Erhabenen:

Das Kind Adams dient Mir mit keiner Gottesdienstlichen Handlung, die besser wäre als das Gebet, niedergeworfen zur Erde, am Ende der Nacht.

Vom Himmel und von der Erde; diese beiden von der angeborenen Natur, von der Macht, von der Majestät der Nähe, von Gott dem Erhabenen:

Ich bin mit Meinem Diener, wenn er keines anderen als Meiner gedenkt und wenn er über Meine Größe, Meine Macht, Meine Güte und Meine Gnade nachdenkt. Und Ich bin nahe dem Bedrängten; wenn er Mich anruft, erhöre Ich ihn, wenn er gläubig ist. Und Ich bin mit dem Waisenkind, wenn Ich ihm Mutter und Vater sterben lasse, bis es groß wird. Und Ich bin bei dem Engel, der Meines Ruhmes, Meiner Macht, Meiner Gewalt und Meiner Größe gedenkt. Und Ich bin nahe dem Herzen derer, die Mich lieben; diejenigen, die zu Mir blicken, zu denen blicke Ich; Meine Kenntnisse und Meine Annäherung sind ihnen zugewandt, wenn sie Meinem Wort ihr Ohr leihen.

Von dem wahrhaften Traum, von dem weisen Engel, von dem großen Cherub, von der Wohlverwahrten Tafel, von dem Wissen:

Niemand betet Gott durch einen Akt an, der Ihm angenehmer ist als dadurch, dass er Ihn liebt.

Von dem deutlichen Verständnis, von dem ruhmreichen Koran, von Mohammed, dem Gesandten Gottes, von Gabriel, von Gott – gepriesen und erhaben ist Er! –:

Wer diese vergängliche Welt kennt, kennt Mich nicht. Wer mit den Geschöpfen vertraut ist, liebt Mich nicht. Wer Mich liebt, kennt weder die Annehmlichkeit noch die Qual des Diesseits. Wenn Ich Meinen treuen Diener betrachte, sehe Ich ihn als ein Lichtwesen, wie einen Meiner Engel.

Von dem weisen Freigelassenen, von dem Engel mit starrem Blick, von dem planvoll handelnden Herrscher, von dem Lebendigen, dem Hörenden, dem Sehenden:

Gott – gepriesen und erhaben ist Er! – sagt:

Wer mit Mir streitet wegen etwas, das Ich ihm nicht gegeben habe, den beraube Ich dessen, was Ich ihm gegeben habe, bis er bereut. Wenn er bereut, ziehe Ich ihm ein neues Hemd an, wie er es nie zuvor getragen hat. Wenn er nicht bereut, entziehe Ich ihm Meine Barmherzigkeit und lasse ihn in der Hölle an einem Platz sitzen, wo Ich ihn niemals anschauen werde. Wer Mir ein Geschenk macht von dem, was Ich ihm gegeben habe – und das aus reiner Liebe tut, den mache Ich zum König eines Reiches, zu dem die Vergänglichkeit niemals ihren Weg findet.

Von der Stunde der Stunden, von der Schönheit, vom Wohltun, von dem Willen, von Gott – gepriesen und erhaben ist Er! –:

Die Liebe Meiner Freunde weist hin auf Meine Liebe; der Wille Meiner Heiligen weist hin auf Meinen Willen; das Wollen Meiner Weisen weist hin auf Mein Wollen. Alles, was existiert, existiert durch Mein Wissen, Meine Macht und Meinen Willen.

Von den farbig schimmernden Bogen Gottes, von den Sonnenaufgangspunkten, von den Wohnungen der Tierkreiszeichen, von dem Pol, von Dem, Dessen Zeigefinger mit Lichtern [auf die Tafel] schreibt, von den planenden Wesen, von der urewigen Weisheit, von dem höchsten verbundenen Wort:

Gott ist vor allen Dingen. Wer das erkannt hat, der ist Ihm nahe. Gott erscheint über allen Dingen; Gott ist das Innere aller Dinge. Wer das erkannt hat, der ist umfangen mit einer Ruhe von Gott. Wer der Sonne gleichgeworden ist, der singt den Ruhm Gottes.

Aus dem Korankommentar zu Sure 24:35, dem Lichtvers: »Gott ist das Licht des Himmels und der Erde…«

Gott ist das Licht der Himmel und der Erden. Er ist das Licht des Lichtes; Gott leitet, wen Er will, durch Sein Licht zu Seiner Macht und durch Seine Macht zu Seiner Verborgenheit, und durch Seine Verborgenheit zu Seiner Ur-Anfänglichkeit, und durch Seine Ur-Anfänglichkeit zu Seiner Ur-Ewigkeit und Seiner künftigen Ewigkeit, und durch Seine Ur-Ewigkeit und künftige Ewigkeit zu Seiner Einzigkeit: Es gibt keinen Gott außer Ihm – Er ist erhaben und heilig –, Dessen Sache und Macht bezeugt wird. Er lässt, wen Er will, zunehmen an Wissen über das Bekenntnis Seiner Einheit und darin, Ihn als frei von allem zu erklären, an Wissen über die Erhabenheit Seiner Stellung und Seine Einzigkeit und die Verherrlichung Seiner absoluten Herrscherwürde. Und ferner:

Im Kopf das Licht der Inspiration, zwischen den Augen das Licht der vertrauten Gebetszwiesprache, im Ohr das Licht der absoluten Gewissheit, auf der Zunge das Licht der Erklärung, in der Brust das Licht des Glaubens, in den natürlichen Veranlagungen das Licht des ständigen Preisens, Lobens und Glaubensbekennens. Und wenn sich etwas von diesen Lichtern entzündet und Macht über das andere Licht gewinnt, dann lässt es dies unter seine Macht eintreten, und wenn es ruht, wird die Macht jenes Lichtes reicher und vollständiger als sie war, und wenn alle Lichter entzündet sind, wird es »Licht über Licht; Gott leitet zu Seinem Licht, wen Er will.«

Zu Sure 30:45: »Und zu Seinen Zeichen gehört es, dass Er die Winde als frohe Boten entsendet.«

Zu den Kennzeichen Seiner Absoluten Herrschermacht gehört es, dass Er die Brisen Seiner Milde in die Herzen Seiner Liebenden sendet und ihnen dadurch die frohe Kunde vom Zerreißen der Vorhänge der Zurückhaltung bringt, damit sie den Teppich der Zuneigung ohne Scheu betreten; und auf diesem Teppich tränkt Er sie mit dem Wein der Vertrautheit, und es wehen über sie die Winde der Großmut, und Er lässt sie entwerden von ihren Eigenschaften und lässt sie leben durch Seine Eigenschaften und Attribute; denn den Teppich der Göttlichen Wahrheit betritt keiner, der auf der Grenze der Trennung bleibt, bis dass er die Wesenheiten alle als *eine* Wesenheit ansieht und sieht, was nicht ist so, wie es nicht ist, und was nicht aufhört so, wie es nicht aufhört.

Zu Sure 30:39: »Gott ist's, Der euch erschuf und alsdann versorgte. Alsdann lässt Er euch sterben; alsdann macht Er euch wieder lebendig.«

Er schuf euch mit Seiner Macht und nährte euch mit Seiner Erkenntnis und ließ Euch absterben von allem anderen [außer Ihm], und belebte euch durch Sich.

Zu Sure 37:106: »Wahrlich, dies ist die deutliche Heimsuchung.«

Die Heimsuchung geschieht durch Gott selbst, und das Wohlbefinden kommt *von* Ihm; der Befehl ist Seine ruhmvolle Majestät, und das Verbot ist Seine Demütigung.

In meinem Herzen kreisen
alle Gedanken um Dich,
Anderes nicht spricht die Zunge
als meine Liebe zu Dir.
Wenn ich nach Osten mich wende,
strahlst Du im Osten mir auf;
Wenn ich nach Westen mich wende,
stehst vor den Augen Du mir.
Wenn ich nach oben mich wende,
bist Du noch höher als dies;
Wenn ich nach unten mich wende,
bist Du das Überall hier.
Du bist, Der allem den Ort gibt,
aber Du bist nicht sein Ort;
Du bist in allem das Ganze,
doch nicht vergänglich wie wir.
Du bist mein Herz, mein Gewissen,
bist mein Gedanke, mein Geist,
Du bist der Rhythmus des Atmens;
Du bist der Herzknoten mir.

Bibliografische Hinweise auf Werke in europäischen Sprachen

Arnaldez, Roger: *Hallaj ou la religion de la Croix.* Paris 1964.

Daḥdal, Nader Musa: *Al-Ḥusayn Ibn Manṣūr Al-Ḥallağ. Vom Missgeschick des »Einfachen Sufi« zum Mythos vom Märtyrer Al-Ḥallağ.* Erlangen 1983.

Massignon, Louis: *La Passion d'al Ḥosain ibn Manṣour Al-Ḥallāj, martyr mystique de l'Islam.* Zwei Bände. Paris 1922. Neue, vierbändige Ausgabe: Paris 1976. Englische Übersetzung durch Herbert Mason: *Al-Hallaj, Mystic and Martyr of Islam.* Princeton 1981.

Massignon, Louis (Herausgeber): *Kitāb aṭ-Ṭawāsīn.* Arabischer Text mit persischem Kommentar von Rūzbihān Baqlī. Paris 1913.

Massignon, Louis: «Le Dīvān d'al-Ḥallāj, Essai de réconstitution, édition et traduction». In: *Journal Asiatique,* 1931. Seiten 1–158.

Massignon, Louis: *Dīvān, traduit et présenté.* Paris: Cahiers du Sud, 1955 [nachfolgend: ***Dīwān***].

Massignon, Louis: *Akhbār al-Ḥallāj, réconstruite et completée* par L.M. et Paul Kraus. Paris 1936. Dritte Auflage 1957 [***Akhbār***].

Massignon, Louis: *Receuil des textes inédits concernants l'histoire de la mystique en pays d'Islam.* Paris 1929 [***Receuil***].

Massignon, Louis: *Essai sur les origines du lexique technique de la mystique musulmane.* Zweite Auflage. Paris 1954. [***Essai***].

Massignon, Louis: «La survie d'Ḥallāj». In: *Bulletin des Études Orientales,* XI. Damaskus 1945–46.

Massignon, Louis: «La légende de Hallaçe Mansur en pays turcs». In: *Revue des études islamiques.* 1941–46. Seiten 67–115.

Massignon, Louis: «L'œuvre Ḥalagienne d'Aṭṭār». Ibid, Seiten 117–144.

MASSIGNON, LOUIS: «Interférences philosophiques et percées métaphysiques dans la mystique Hallagienne». In: *Mélanges Maréchal.* Brüssel 1950. Vol. II, Seiten 263ff.

MASSIGNON, LOUIS: «La vie et les œuvres de Rūzbehān Baqlī». In: *Festschrift Johannes Pedersen.* Kopenhagen 1953.

MASSIGNON, LOUIS: «Qiṣṣat Ḥusayn al-Ḥallāj». In: *Donum natalicum H.S. Nyberg.* Stockholm 1954.

SCHAEDER, H.H.: »Besprechung von Massignons *Passion*«. In: *Der Islam,* XV, 1926.

SCHIMMEL, ANNEMARIE: *Al-Halladsch, Märtyrer der Gottesliebe.* Köln 1968.

SCHIMMEL, ANNEMARIE: "The Martyr-Mystic Hallaj in Sindhi Folk Poetry". In: *Numen,* IX, 3. Leiden 1962.

SCHIMMEL, ANNEMARIE: »Das Hallay-Motiv in der indo-persischen Literatur«. In: *Festschrift Henry Corbin.* Teheran 1977.

SCHIMMEL, ANNEMARIE: "Ghalib and Hallaj – A Dance in Chains". In: *A Dance of Sparks.* Delhi 1978.

SCHIMMEL, ANNEMARIE: "Iqbal and Hallaj". Zuerst in: *Muhammad Iqbal.* Karachi 1959. Dann erweitert in: *Gabriel's Wing.* Leiden 1969. Und [in leider schlecht edierter Form] in: HAFEEZ MALIK: *Muhammad Iqbal, Poet-Philosopher of Pakistan.* New York 1972.

SCHIMMEL, ANNEMARIE: »Das Ḥallāj-Motiv in der modernen islamischen Literatur«. In: *Die Welt des Islams,* XXIII–XXIV. 1984.

THOLUCK, FRIEDRICH AUGUST GOTTTREU: *Sufismus sive philosophia persanim pantheistica.* Berlin 1821.

Alle Einführungen in die islamische Mystik enthalten Kapitel über Ḥallādsch. Für eine Übersicht siehe ANNEMARIE SCHIMMEL: *Mystical Dimensions of Islam.* Chapel Hill 1975. Und oft in der deutschen Ausgabe: *Mystische Dimensionen des Islam.* Köln: Diederichs, 1985.

Die klassische persische Darstellung von Ḥallādschs Leben findet sich in FARĪDUDDĪN ʿAṬṬĀR: ***Tadhkirat al-auliyā.*** Herausgegeben von R.A. NICHOLSON. Leiden 1905–07. Hierauf beruhen fast alle späteren poetischen Ausarbeitungen der Ḥallādsch-Legende.

Das Problem der »Paradoxe« der Sufis und der Ketzerprozesse im Islam ist behandelt in CARL W. ERNST: *Words of Ecstasy in Sufism.* Albany, NY, 1985.

Im islamischen Bereich sind vor allem die Arbeiten des irakischen Gelehrten M. Kāmil asch-Schaibī hervorzuheben, der eine neue, kritische Edition von Ḥallādschs *Dīwān* vorgelegt hat und in seinem Werk *Al-Ḥallādsch, mauḍū'an li' l-ādāb wa'l-funūn al-arabiyya wa'sch-scharqiyya* (»Ḥallādsch als Thema in der arabischen und orientalischen Literatur und Kunst«) den Einflüssen Ḥallādschs auf die islamische Kultur nachgegangen ist.

Die von dem 1981 verstorbenen ägyptischen Dichter Salah 'Abd aṣ-Ṣabūr verfasste Tragödie *Ma'sāt al-Ḥallādsch* ist in englischer Übersetzung als *Murder in Baghdad* bei E. J. Brill in Leiden 1972 erschienen. Eine andere Dramatisierung des Lebens und Sterbens Ḥallādschs stammt von Herbert Mason: *The Death of al-Hallaj*. Notre Dame, USA: University of Notre Dame Press. Deutsche Übertragung moderner arabischer Gedichte über Ḥallādsch von Adonis und 'Abdal Wahhāb al-Bayātī in Annemarie Schimmel: *Zeitgenössische Arabische Lyrik*. Tübingen 1975.

Quellennachweise

Seite – Quelle

33 – *Dīwān,* Qaṣīda Nr. 1
35 – *Akhbār* 15
36 – *Akhbār* 21
37 – *Akhbār* 69
38 – *Akhbār* 23
39 – *Akhbār* 40
40 – *Akhbār* 24
41 – *Akhbār* 42
42 – *Akhbār* 19
44 – *Akhbār* 6

49 – *Akhbār* 49
50 – *Akhbār* 63
51 – *Akhbār* 57
52 – *Akhbār* 62
53 – *Akhbār* 25
54 – *Akhbār* 31
55 – *Akhbār* 14
56 – *Akhbār* 1*
56 – *Tadhkirat al-auliyā* II 139
57 – *Akhbār* 37
58 – *Akhbār* 29
59 – *Dīwān,* Qaṣīda Nr. 2 ohne Anfang, der von der Doppelheit alles Geschaffenen, des Wissens der Zeiten und der Menschen spricht, die der Dichter hinter sich gelassen hat.
60 – *Akhbār* 12
61 – *Akhbār* 12
62 – *Akhbār* 12
63 – *Akhbār* 38
64 – *Akhbār* 38
65 – *Dīwān,* Qaṣīda 4

69 – *Akhbār* 44
70 – *Akhbār* 4
71 – *Dīwān,* Bruchstück (*muqaṭṭa'a*) 31
71 – *Dīwān,* Bruchstück 1
71 – *Dīwān,* Bruchstück 9
71 – *Dīwān,* Bruchstück 12
72 – *Dīwān,* Bruchstück 61 ohne die letzte Zeile, in der Ḥallādsch den Neumond anredet, der am 14., 8., 4. und 2. des Monats erscheint, das heißt an allen 28 Tagen des Mondmonats.

75 – *Akhbār* 43
76 – *Akhbār* 66
77 – *Akhbār* 5
78 – *Akhbār* 5
79 – *Akhbār* 45
81 – *Akhbār* 35
81 – *Akhbār* 48
82 – *Receuil,* Seite 67
83 – *Akhbār* 41

87 – *Dīwān,* Bruchstück 23
88 – *Dīwān,* Bruchstück 15
89 – *Akhbār* 11
90 – [Quelle ungeklärt]
91 – *Akhbār* 15*
92 – *Akhbār* 51
93 – *Akhbār* 9
94 – *Dīwān,* Bruchstück 41
94 – *Dīwān,* Bruchstück 47
94 – *Dīwān,* Bruchstück 57
95 – *Dīwān,* Bruchstück 51
96 – *Dīwān,* Bruchstück 3
97 – *Akhbār* 10
98 – *Dīwān,* Bruchstück 10
99 – *Dīwān,* Qaṣīda 9
100 – *Dīwān,* Bruchstück 43
101 – *Dīwān,* Bruchstück 35

105 – *Akhbār* 7
106 – *Dīwān,* Bruchstück 36
106 – *Dīwān,* Bruchstück 7
107 – *Dīwān,* Bruchstück 5
108 – *Akhbār* 53
109 – *Akhbār* 52
110 – *Akhbār* 50
112 – *Tadhkirat al-auliyā* II 152
113 – *Akhbār* 36
114 – *Akhbār* 55
115 – *Akhbār* 1*5
115 – *Akhbār* 1*9
116 – *Akhbār* 1*19
117 – *Akhbār* 1*11

121 – *Akhbār* 3
123 – *Akhbār* 8*
124 – *Akhbār* 2
127 – *Akhbār* 16
128 – *Akhbār* 1
130 – *Tadhkirat al-auliyā* II 143
132 – *Akhbār* 17
134 – *Receuil,* Seite 77
136 – *Essai,* Seite 377 ff
137 – *Essai,* Seite 359 ff

154 – *Dīwān,* Bruchstück 64
ohne Anfang

Über die Autorin

Annemarie Schimmel (1922–2003) war eine der weltweit renommiertesten Islamwissenschaftlerinnen und genoss sowohl im Westen als auch in muslimischen Ländern großes Ansehen in der Fachwelt ebenso wie bei einem breiteren Publikum. Die in Erfurt Geborene wurde bereits mit dreiundzwanzig Jahren Professorin für Arabistik und Islamische Studien in Marburg und lehrte später an den Universitäten von Ankara, Harvard, Bonn, London, Edinburgh und Lahore in Pakistan. Sie verfasste eine große Zahl von Büchern und Artikeln zu den Themen Islam und Sufismus, wozu unter anderem auch grundlegende Werke über Pakistans Nationaldichter Muḥammad Iqbāl oder Dschalāl ad-Dīn Rūmī gehören. Annemarie Schimmel setzte sich in ihrem Leben und Werk für ein besseres Verständnis des Islams im Westen und ein wertschätzendes Miteinander von Muslimen und Nicht-Muslimen ein. 1995 wurde ihr der Friedenspreis des Deutschen Buchhandels verliehen. Hohe Auszeichnungen erhielt sie auch in Pakistan; in Lahore wurden eine Straße sowie das ehemalige Goethe-Institut nach ihr benannt.

Register

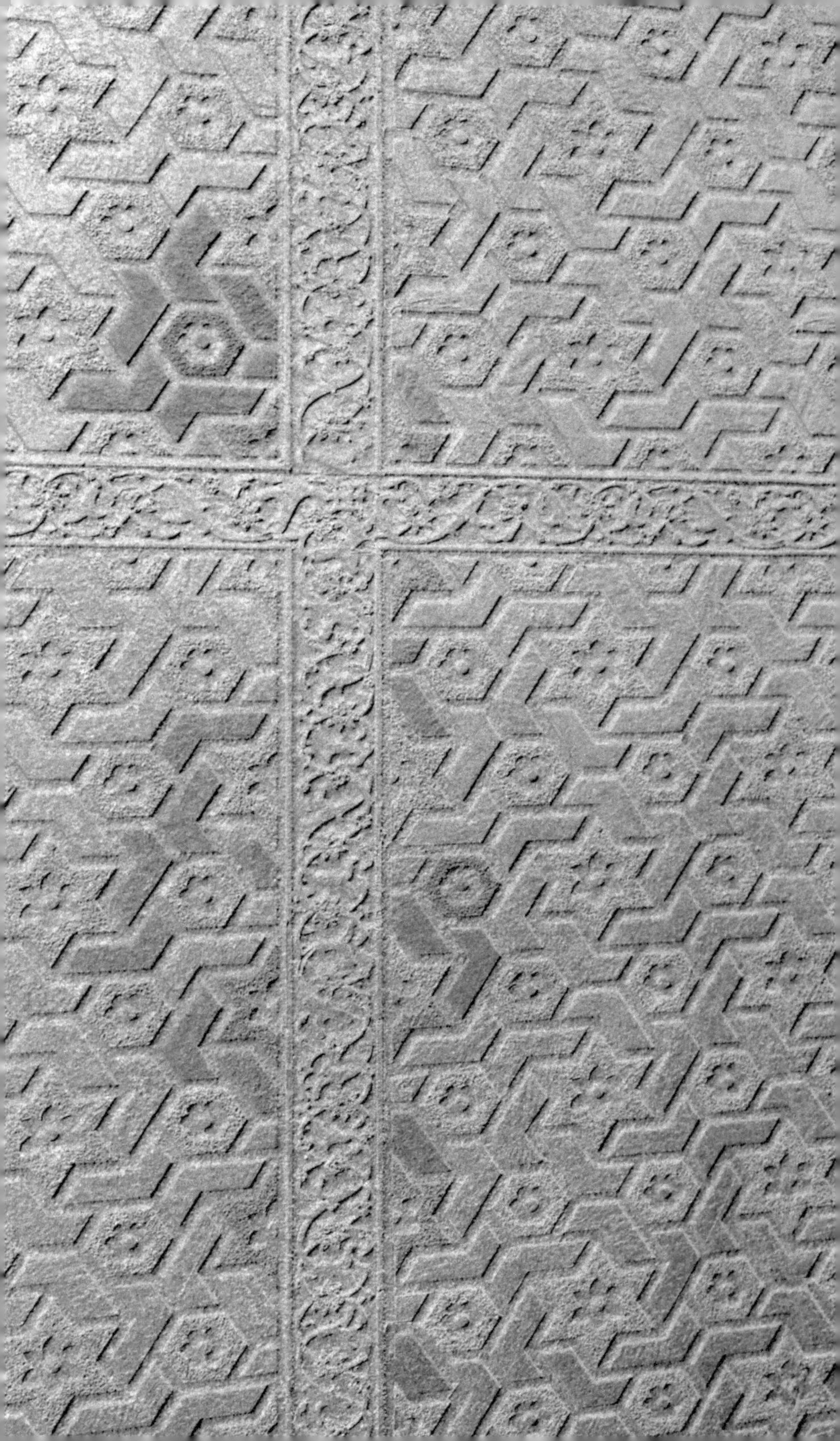

Die Weisheit der Propheten (Fusus al-Hikam) ist eines der populärsten Werke von Muḥy-īddīn Ibn ʿArabī und handelt von der einen grenzenlosen Weisheit, die gleichzeitig einzigartig in sich selbst ist und vielgestaltig in ihrer Verkörperung durch die Linie der Propheten: von »der Göttlichen Weisheit im Wort Adams« über »die Weisheit selbstverlorener Liebe im Wort Abrahams«, »die erhabene Weisheit im Wort von Moses« und »die Weisheit der Weissagung im Wort von Jesus« bis hin zur »Weisheit der Einzigartigkeit im Wort von Mohammed«. Dieses außergewöhnliche Werk ist ebenso eine Darlegung der innersten Bedeutung der Existenz des Menschen und seiner Fähigkeit zur Vervollkommnung wie auch eine esoterische Auslegung des Korans und wirft ein erhellendes Licht auf die gemeinsame innere Essenz aller drei abrahamitischen Religionen. Es vermittelt eine Botschaft, der gerade in Zeiten aufkeimender religiöser Intoleranz und fundamentalistischer Verblendung ein unschätzbares Potenzial für die interkulturelle Verständigung innewohnt.

»Auf diese Weise verlangte die Göttliche Ordnung nach der Klärung des Spiegels der Welt; und Adam wurde zur Klarheit dieses Spiegels und zum Geiste dieser Form selbst [...] und wurde ›Mensch‹ und ›Stellvertreter Gottes‹ genannt.«

ISBN 978-3-905272-71-0
178 Seiten

Dieser Band vereinigt drei grundlegende Texte, die einen Einstieg erlauben in die universelle Schau und das tiefe Verstehen des andalusischen Mystikers Ibn ʿArabī, dessen Titel wie »größter Meister«, »Pol des Wissens« oder »Doktor Maximus« von seiner außerordentlichen, noch heute verbreiteten Anerkennung in Ost und West zeugen. Wie kein zweiter Sufi vor oder nach ihm, lehrte er mit großer Klarheit der Vision die Einheit des Seins und die Wege Göttlicher Selbstoffenbarung. Seine Existenzphilosophie erklärt auch den berühmten Hadith des Propheten Mohammed, in welchem Gott sagt: »Ich war ein verborgener Schatz und liebte es, erkannt zu werden; also erschuf Ich die Welt, auf dass Ich erkannt werde.«

Die vorliegende Sammlung beinhaltet (1) das Traktat *Der innerste Kern,* das *Lubbul Lubb,* die von Ismail Hakki Bursevi (1653–1725), einem der bedeutendsten Schüler Ibn ʿArabīs, übertragene und kommentierte, gut verständliche Zusammenfassung der komplexen Grundlehren des Größten Scheichs. Weiter umfasst der Band (2) die sogenannten *Neunundzwanzig Seiten,* eine klassische Einführung in das Studium Ibn ʿArabīs, sowie (3) einen wichtigen Schlüsseltext zum Thema Selbsterkenntnis: Ibn ʿArabīs Kommentar über die Aussage des Propheten »Wer sich selbst kennt, kennt seinen Herrn« aus seiner *Abhandlung vom Sein,* dem *Risalat al-Wujudiyah.*

ISBN 978-3-905272-72-7
152 Seiten

Im spirituellen Schrifttum des Islams stellt die *Abhandlung über die Liebe* einen Höhepunkt dar; sie ist im Ganzen wie im Detail ein vollendetes Meisterwerk. Alles, was vor Ibn 'Arabī zu diesem, insbesondere für das esoterische Verständnis des Korans so zentralen Thema gesagt wurde, fasst der »Größte Meister« hier zusammen, geht aber noch weit darüber hinaus. Kein spiritueller Lehrer hat seither derart wirklichkeitsgetreue, ursprüngliche, tiefgründige und vollständige Sichtweisen auf das Wesen und die Essenz der Liebe dargestellt.

In dem hier zum ersten Mal auf Deutsch vorliegenden Kapitel 178 seiner umfangreichen *Mekkanischen Eröffnungen* beleuchtet der »Lehrer der Sufis« alle Formen der Liebe, die natürliche oder physische, die spirituelle und die Göttliche. Die falsche, im Westen – heutzutage wie auch in der Vergangenheit – verbreitete Meinung, der Islam sei lediglich eine Religion der Strenge und formaler Vorschriften, in der Göttliche Transzendenz alles derart aufsauge, dass ein menschliches Wesen nicht einmal mehr an der Liebe teilhaben könne, wird hier mit großer Einblickskraft in die tiefsten Zusammenhänge und in poetischer Sprache richtiggestellt.

ISBN 978-3-905272-74-1
280 Seiten

»Ich sah dich nicht auf meinem Weg. Gibt es da noch einen anderen Pfad?« // »Ein jeder hat seinen Weg, den niemand sonst als nur er beschreitet.« // »Und wo befinden sich diese verschiedenen Wege?« // »Sie entstehen durch das Reisen selbst.«

Zwei Texte Ibn 'Arabīs, die – in Anspielung auf die berühmte »nächtliche Reise« oder Himmelfahrt des Propheten Mohammed – die Umstände und Erfahrungen des völligen Aufgehens in Gott beschreiben. Ibn 'Arabīs Bearbeitung dieses Themas widerspiegelt seinen besonderen Zugang zum Koran und den Hadithen wie auch die ganze Spannweite seiner metaphysisch-theologischen Lehren und seines Interesses an praktischer Spiritualität.

Im engeren Sinn eine Erläuterung von *khalwa,* einer Sufi-Übung zur Erlangung der Gegenwart Gottes durch absolute Aufgabe der Welt, beschreibt die *Reise zum Herrn der Macht* den geistigen Aufstieg durch alle Stufen der Existenz bis hin zur Göttlichen Gegenwart. Ibn 'Arabī ruft den, der den mystischen Weg der Sufis gehen will, dazu auf, sein Herz zu reinigen und eins zu werden mit seiner inneren Essenz. Mit großer Klarheit und der Überzeugungskraft autobiografischer Passagen schildert Ibn 'Arabī die Erfahrung seiner eigenen Himmelfahrt auch im Text *Meine Reise verlief nur in mir selbst,* einer hier erstmals auf Deutsch vorliegenden, kommentierten Übersetzung des Kapitels 367 aus seinen umfangreichen *Futuhat al-Makkiyah.*

ISBN 978-3-905272-73-4
164 Seiten

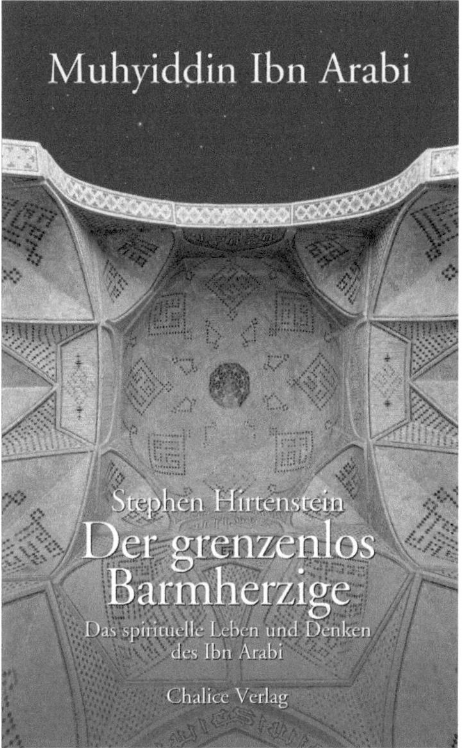

Warum wird Mohammed »Siegel der Propheten« genannt? Was ist die spirituelle Bedeutung von Jesus? Worin besteht die Verbindung der Heiligen und Gesandten aller Völker im Licht der absoluten Einheit aller Existenz? Dies sind nur einige der Fragen, die Muḥyīddīn Ibn ʿArabī mit seiner visionären Einsicht und unvergleichlichen Darstellungskraft beantwortete. Bekannt als *ash-Shaykh al-Akbar,* der »Größte Meister«, gilt der anadalusische Sufi für viele als der bedeutendste Mystiker und Denker in der Geschichte des Islams. Die Wirkung seines enormen Lebenswerks auf Philosophie, Theologie und die Entwicklung der islamischen Spiritualität hallt noch heute unüberhörbar nach. Der in Murcia geborene und in Damaskus begrabene Ibn ʿArabī vereint wie niemand vor oder nach ihm die Weisheiten des Westens und des Ostens in einem ganzheitlichen Bild des Menschen als Krönung einer auf Liebe und Barmherzigkeit beruhenden Schöpfung. Sein tiefes Verständnis der gemeinsamen Wurzeln der abrahamitischen Religionen und der vielfältigen Berührungspunkte ihrer Propheten Moses, Jesus und Mohammed birgt ein unschätzbares Potenzial für den interkulturellen Dialog und die zwischenreligiöse Verständigung. Das vorliegende Buch füllt eine Lücke in der deutschsprachigen Literatur über diesen epochalen Mystiker. Mit ausführlichen Zitaten, luzider Darlegung seiner Grundgedanken und reichem Fotomaterial ist Stephen Hirtenstein ein biografisches Meisterwerk gelungen.

ISBN 978-3-905272-79-6
420 Seiten

Guter Geschmack will gelernt sein: *Le bon-goût s'apprend.* Das gilt insbesondere für das spirituelle Schmecken der Einheit des Seins. In dieser einzigartigen Anthologie beschreiben liebestrunkene Sufis, wahrheitshungrige Gnostiker, erkenntnisdurstige Geisterseher und verschmitzt-weise Skandalgurus, hingebungsvolle Brotbäcker, humorbegnadete Geschichtenerzähler, ägäisverzauberte Lebensreisende und extremfastende Meisterspione Möglichkeiten und Wege, das Feine vom Groben zu unterscheiden, das Obere mit dem Unteren zu verbinden und so die scheinbare Trennlinie zwischen dem Körperlichen und dem Spirituellen zu überwinden. Wenn wir die ›Küchenarbeit an uns selbst‹ in der richtigen, nämlich dienenden Haltung angehen, kultivieren wir in uns diesen guten, feinen Geschmack für die Nähe Gottes. Bewusstes Kochen und Gekochtwerden lässt uns die Heiligkeit in der Transformation von Äußerem und Innerem entdecken.

Neben Ausgesuchtem von Jalaluddin Rumi, Bahauddin Walad, Hafis, Khalil Gibran, Bülent Rauf, Reshad Feild, Muzaffer Ozak, G.I. Gurdjieff, P.D. Ouspensky, Idries Shah, Osho, Scotus Eriugena, Emanuel Swedenborg oder Henry Miller finden sich hier zum ersten Mal auf Deutsch vorliegende Trouvaillen von Annemarie Schimmel, Muḥyīddīn Ibn 'Arabī, John G. Bennett, Christopher Bamford und Paul Dukes.

ISBN 978-3-942914-20-8
324 Seiten

Der erste Teil der autobiografischen Trilogie von Reshad Feild: ein echter Klassiker der modernen spirituellen Literatur und eines der großen Selbstzeugnisse mystischer Sinnsuche, das in den vergangenen vierzig Jahren weltweit Hunderttausende von Lesern beeindruckt hat.

In dieser packend erzählten Geschichte begleiten wir einen jungen Engländer auf seiner abenteuerlichen Suche nach der wirklichen Bedeutung des Lebens und den allerletzten Wahrheiten. Unter der Führung des geheimnisvollen Antiquitätenhändlers Hamid, der sich im Laufe dieses ›metaphysischen Roadmovies‹ als ein strenger spiritueller Lehrer entpuppt, entwickelt sich Reshads Interesse an den Derwischen des Nahen Ostens zu einer äußeren wie inneren Entdeckungsreise zu heiligen Stätten, weisen Menschen und tiefen Einsichten in die Wirklichkeit der Welt. Unter härtesten Prüfungen, die sein westliches Denken erschüttern, wird er in die inneren Lehren des Sufismus eingeführt und mit den Geheimnissen des Atems, der spirituellen Bedeutung der Jungfrau Maria und den gemeinsamen Wurzeln der jüdischen, christlichen und islamischen Traditionen vertraut gemacht. Schritt für Schritt beginnt er, die Heiligkeit allen Lebens zu verstehen, und erfährt die Liebe als die Erste Ursache der Schöpfung, bevor ihm schließlich die Erkenntnis der Einheit des Seins gewährt wird.

»Eine eloquente Orchestrierung, die von sehr hoher Kreativität zeugt« (*The Times*). »Wenn Sie sich für die Weisheit dieses Buches öffnen, wird es Ihr Leben verändern« (Ellen Burstyn).

ISBN 978-3-942914-11-6
216 Seiten

Sex ist eine der machtvollsten Kräfte in unserem Leben, und doch vermögen nur die wenigsten Menschen, ihn ganzheitlich zu betrachten. Weit über Fortpflanzung und Vergnügen hinaus kommt ihm besondere Bedeutung für die spirituelle Transformation des Menschen zu. Suchenden, denen sich zu diesem Thema schwierige Fragen stellen, bietet dieses Buch neue Denkanstöße und überraschende Blickwinkel auf eines der größten Wunder und tiefsten Rätsel der Schöpfung. In den hier zusammengestellten Auszügen aus seinen Vorträgen behandelt der Naturwissenschaftler, Philosoph und spirituelle Lehrer Bennett Themen wie den Ursprung der Sexualität, ihr Verhältnis zur Liebe, die Bedeutung des Geschlechtsakts, die komplementären Rollen von Mann, Frau und Kind, Ehe und Partnerschaft, Fortpflanzung, Elternschaft, Kreativität, »negativen Sex« sowie psychologische und gesellschaftliche Aspekte.

»Die innere Spaltung des Menschen ist die Trennung seiner geistigen und materiellen Hälften. Sie führt zur Unzufriedenheit und Suche, die seine Transformation erst ermöglichen. Die wirkliche Freude am Sex liegt weder in gedanklicher Stimulation noch in emotionaler Erregung, sondern in verbesserter Klarheit, Kraft und Stärke der Erfahrung auf allen Ebenen. Im Geschlechtsakt können wir wahrhaft wir selbst sein, und dies sollte uns in Sachen Sex sehr feinfühlig machen.«

ISBN 978-3-942914-06-2
120 Seiten

Krankheit, Schmerz, und Tod, Naturkatastrophen, Verbrechen, Krieg und Terror – warum lässt Gott das geschehen? Weshalb verhindert ein (all)mächtiger Schöpfer nicht das Leid und das Böse in der Welt? Die Frage nach dem Grund des Übels hat die Menschen seit jeher bewegt, Anhänger monotheistischer Religionen schon immer herausgefordert und Philosophen wie Atheisten als gewichtiges Argument gedient. Wer sich über dieses komplexe Thema, die sogenannte Theodizee, den Kopf zerbricht, gerät schnell in weltanschauliche Untiefen. In diesem anregenden Buch erklärt der Sprach- und Kulturwissenschaftler Selahattin Akti, wie Muḥyīddīn Ibn 'Arabī diese grundlegende Fragestellung beantwortet. Nach einer fundierten Darstellung der unterschiedlichen Lösungswege in der Philosophie sowie in den christlichen und islamischen Theologien erläutert der Autor den Fragenkomplex des Übels aus dem Blickwinkel des mystischen Erkenntnisweges. Dabei gelingt ihm eine hervorragende Einführung in das Denken des »Größten Scheichs« und eine verständliche Erklärung von dessen Konzepten zum Verhältnis von Gott, Welt und Mensch, zur Problematik von freiem Willen und Vorbestimmung, zur Schöpfung als permanenter Selbstmanifestation des »verborgenen Schatzes« und als Bewegung der Liebe, zur Unterscheidung von *al-Haqq* (dem Allwahren) und *Allah* (Gott) sowie zur Funktion der Göttlichen Namen im Schöpfungsprozess und zur Bedeutung des vollkommenen Menschen als Abbild und Statthalter Gottes.

ISBN 978-3-942914-15-4
296 Seiten